DESCRIPTION

DU

PHALANSTÈRE.

Imprimerie Lange Lévy et compagnie, rue du Croissant, 16.

DESCRIPTION

DU

PHALANSTÈRE

ET

CONSIDÉRATIONS SOCIALES

SUR

L'ARCHITECTONIQUE

PAR

V. CONSIDERANT

Ancien élève de l'École Polytechnique, membre du conseil général
de la Seine.

2ᵉ ÉDITION, REVUE ET CORRIGÉE.

PARIS

LIBRAIRIE SOCIÉTAIRE,
RUE DE BEAUNE, 2;
LIBRAIRIE PHALANSTÉRIENNE,
25, quai Voltaire, en face du Pont-Royal.
M. D. CCC. XL. VIII.

AVANT-PROPOS.

―••◦●◦••―

SUR LES DESTINÉES HUMAINES.

Les destinées sont les résultats présents, passés et
futurs des plans établis par Dieu, [conformément
aux lois mathématiques.

CH. FOURIER.

I

LE PRINCIPE DE LA CERTITUDE.

SAINT-MARTIN, qui a eu souvent de belles et limpides
inspirations, a dit ceci :

« Lorsque dans le champ des sciences exactes et natu-
» relles nous recueillons quelques axiomes, nous ne
» nous demandons pas pourquoi ils sont vrais ; nous
» sentons qu'ils portent la réponse avec eux-mêmes.
» Comment le sentons-nous ? Ce n'est que par le rap-
» port et la convenance qui se trouvent entre la justesse
» de ces axiomes et l'étincelle de vérité qui brille dans
» notre conception. Ce sont comme deux rayons d'un
» même flambeau, qui semblaient être éloignés l'un de

» l'autre, qui se réunissent par leur analogie, et qui, en
» se pénétrant mutuellement, se rendent réciproquement
» plus sensibles et leur chaleur et leur clarté.

» . . . .

» Lorsque l'âme humaine, soit par l'essor qu'elle peut
» se donner, soit gratuitement, est élevée jusqu'au sen-
» timent intime de l'être universel qui embrasse tout,
» qui produit tout, enfin jusqu'au sentiment de cet être
» inconnu que nous appelons Dieu, elle ne cherche pas
» plus que dans la découverte des axiômes partiels, à se
» rendre compte de cette vérité totale qui la subjugue,
» ni de la vive jouissance qu'elle lui procure ; elle sent
» que ce grand être ou ce grand axiome est par lui-
» même, et qu'il y a impossibilité qu'il ne soit pas. Elle
» sent également en elle, dans ce contact divin, la réa-
» lité de sa propre vie pensante et immortelle. Elle n'a
» plus besoin de se questionner sur Dieu ni sur elle-
» même ; et dans la sainte et profonde affection qu'elle
» éprouve, elle se dit avec autant de ravissement que de
» sécurité : Dieu et l'homme sont des êtres vrais qui
» peuvent se connaître dans la même lumière, et s'aimer
» dans le même amour.

» Comment a-t-elle le sentiment certain de ces im-
» muables vérités ? Par la même loi qui a manifesté à sa
» conception la certitude des axiômes partiels, c'est-à-
» dire qu'elle sent l'existence inattaquable du principe
» de son être et la sienne propre, par la convenance et
» les rapports qui se trouvent entre eux. Car, sans cela,
» la conviction de l'existence de ces deux êtres ne pour-
» rait ni nous frapper, ni se fixer en nous ; et si ce feu
» divin ne rencontrait en notre âme une puissante ana-
» logie, il nous traverserait sans nous laisser de lui au-
» cune trace, ni aucun sentiment. »

Pour peu que l'on réfléchisse sur ces lumineuses paroles, on saisira bien facilement le principe de la *certitude des choses*, sur lequel la philosophie scolastique a entassé tant de sophismes pédantesques, et la philosophie spiritualiste contemporaine tant d'obscurités et de subtilités vaines, tant de puérilités prétentieuses et ridicules; on admettra avec Saint-Martin,

Que le principe de la certitude transcendante réside dans le sentiment de la corrélation et de la convenance des choses.

Ceci d'ailleurs s'énonce, se sent et ne se démontre pas. Avec ceux qui n'admettent pas ceci, il n'y a rien à démontrer. Mais lorsque l'on a compris et admis cet axiôme primordial, on peut se rendre facilement compte de sa raison d'être.

L'homme, en effet, placé au milieu de la création, destiné à agir sur les Êtres et à recevoir leur action, à fonctionner au sein de l'harmonie universelle, l'homme a dû recevoir du Créateur la MESURE de cette harmonie. Cette mesure a été nécessairement déposée dans son organisme. Sans cela, ne serait-il pas, lui, l'homme, un hors-d'œuvre, une pièce fausse dans la création ? Sans cela, y aurait-il ordre, harmonie, unité dans l'univers ? Sans cela, enfin, la création serait-elle autre chose qu'un caprice absurde, et l'intelligence organisatrice un vain mot ?

De cette donnée essentiellement, souverainement religieuse il résulte en toute évidence QUE L'HOMME EST NÉCESSAIREMENT EN RAPPORT, EN CORRÉLATION INTIME, PAR PRÉDISPOSITION SUBSTANTIELLE ET ORGANIQUE, AVEC LA SOCIÉTÉ UNIVERSELLE DES ÊTRES ET DES CHOSES.

Et comme l'homme est un être composé, à la fois *in-*

telligent, affectif et *sensitif,* le rapport de l'homme avec l'Ordre universel doit s'établir dans les trois sphères, intellectuelle, affective et sensitive, de sa nature.

Ainsi, toute IDÉE dont l'homme a la perception claire, — est vraie si elle est concentrique à sa sphère intellectuelle : — elle est fausse si elle est excentrique à cette sphère. Il suffit donc, pour reconnaître la vérité ou la fausseté d'une idée, de l'appliquer sur le type intellectuel qui est en nous, et de juger par la conscience si la superposition produit un contact concentrique et parfait : dans ce cas, il y a perception d'un rapport vrai, naturel, harmonique, concordant avec l'ordre général ; il y a évidence. L'intelligence est satisfaite. Voilà la norme de la certitude.

De même tout SENTIMENT, s'il est concentrique avec la sphère affective de l'homme, est harmonique ; s'il est excentrique à cette sphère, il est subversif. Il suffit donc, pour reconnaître si un fait est dans l'ordre du bien ou du mal moral, de l'appliquer sur le type affectif qui est en l'homme, et de sentir s'il est concentrique avec les affections natives de l'homme. Dans ce cas, il y a sentiment d'un rapport sympathique, naturel, harmonique, coïncident avec l'Ordre général : il y a jouissance affective ; l'âme est satisfaite. — Dans le cas contraire, il y a sentiment d'un rapport antipathique prochain ou éloigné, il y a ou il y aura douleur : l'âme souffre ou souffrira. — Voilà la norme du bien et du mal moral.

De même encore toute SENSATION, suivant qu'elle sera concentrique ou non avec la sphère sensitive de l'homme, sera harmonique ou subversive, et produira chez lui une jouissance ou une douleur physiques.

Ainsi, la norme du faux et du vrai, du bien et du mal, est donnée par les ATTRACTIONS et les RÉPULSIONS natives de l'homme. — Et notez bien que je dis Attractions et Répulsions *natives*.

Ceci étant posé, admis et compris, nous pouvons nous dispenser de passer, pour porter un jugement sur les choses, par les deux ou trois cent mille volumes que les pédans, les sophistes et toutes les espèces philosophiques ont entassés les uns sur les autres. Ces aberrations des fausses sciences ont assez long-temps égaré la raison humaine dans des labyrinthes d'erreurs et de subtilités inextricables. Il est à propos d'aborder aujourd'hui le point par où l'on aurait dû commencer. Il est à propos d'écouter l'homme et les Attractions de sa nature. C'est un livre qui en vaut bien un autre, car c'est Dieu qui l'a écrit. Les Attractions données à l'homme par Dieu, les passions natives qui résultent de notre constitution même, sont une révélation impérissable de l'Harmonie universelle, des Destinées générales, de la Loi des choses, de la raison d'être de la création.

Et maintenant, en partant de ces principes naturels, en écoutant cette voix des Attractions, si claire, si facile à l'intelligence que les enfants mêmes l'entendent et la comprennent, nous pouvons obtenir tout de suite des résultats réels, féconds, et de la plus haute importance pour nous; tandis que les principes arbitraires et pédantesques des fausses sciences morales et philosophiques, n'ont servi qu'à entasser par monceaux de honteuses, de stériles et de sanglantes erreurs. Examinons :

LA DESTINÉE.

La connaissance des Destinées générales, de la Loi d'Unité universelle, se divise pour l'homme en trois branches :

Unité de l'homme avec lui-même ;
Unité de l'homme avec Dieu ;
Unité de l'homme avec l'Univers.

Bien que ces trois branches soient liées intimement entre elles, la première, celle de l'unité de l'homme avec lui-même, est celle dont la connaissance importe surtout à notre bonheur.

Or, cette unité de l'homme avec lui-même ne peut résulter que de l'harmonie des trois sphères, intellectuelle, animique et sensitive de notre nature, c'est-à-dire de l'accord de l'intelligence et des passions.

Cette harmonie, cet accord, doivent être précisément et nécessairement le caractère suprême de la Destinée vraie de l'homme : sans cela, Dieu, Créateur et Ordonnateur, serait absurde, ou méchant d'une méchanceté infernale.

Jugez déjà le passé avec cette donnée indéniable. Jugez les hommes, les meneurs d'hommes j'entends; car je ne parle pas de ce vaste troupeau humain, appelé dans toutes les nations le peuple, et qui a vécu jusqu'ici misérablement courbé sur une terre trempée de sang humain et de larmes humaines. Les meneurs des hommes, philosophes, législateurs et prêtres, ont-ils pris pour but de

leurs efforts l'établissement de l'accord des passions natives de l'homme et de son intelligence, ont-ils cherché
les moyens de réaliser cet accord ? — Non. Ils ont posé
en principe et en dogme que l'homme était mal fait par
Dieu, ils ont anathématisé les passions, ils n'ont eu d'autre but que de lutter contre elles et de violenter la nature. De là leurs lois et leurs échafauds ; de là leurs
religions et leurs enfers. Vous voyez bien que tout a
été faux , et qu'aujourd'hui encore tout est faux. Brisez donc avec ce passé , et cherchez la Destinée non
plus dans la lutte, mais dans l'accord , non plus dans
la Contrainte , mais dans l'Attraction : cherchez-la dans
l'accord et l'Attraction , si vous n'aimez mieux vous
tourmenter encore dans les aberrations et les douleurs.

Cherchons.

D'abord, qu'est-ce que la Destinée d'un Être ?

La Destinée d'un Être, c'est la fonction qu'il est appelé
à remplir dans l'Ordre universel, c'est sa tâche, son rôle
dans la création.

Dieu (quelque conception qu'on ait de Dieu) aurait-il
créé les Êtres, les aurait-il doués de forces physiques, intellectuelles, et des instincts , des passions, des Attractions qui suscitent l'activité de ces forces, s'ils n'avaient
pas des fonctions à remplir, s'il ne leur était pas assigné
des Destinées ?

*Il y a donc une Destinée pour tout Être créé, et tout
Être créé a reçu une conformation corrélative à sa Destinée, des Attractions proportionnelles à sa Destinée.*

Donc encore.

*Tout Être qui accomplit sa Destinée jouit ; tout Être
hors de Destinée souffre.*

Voyez autour de vous, voyez la création, voyez les

choses, puis appliquez cette idée sur votre sens intellectuel, et vous sentirez qu'elle est souverainement et parfaitement vraie. Continuons.

L'homme, quand il s'agit du problème général de sa
Destinée, ne doit pas être considéré seulement comme
individu, mais encore, mais d'abord, comme *espèce* :
car l'homme étant appelé à vivre en *société,* la Destinée
particulière de l'individu ne doit, ne peut être autre
chose que l'accomplissement de ses fonctions individuelles, *nécessairement coordonnées* à la fonction générale
de l'espèce.

Et puisque l'individu ne peut agir que dans l'espèce,
puisqu'il y a entre lui et ses semblables un perpétuel
échange d'actions et de réactions, puisqu'il vit dans une
sphère sociale en un mot, il est sensible qu'il ne peut
accomplir sa Destinée qu'à la condition d'être placé dans
un milieu social correspondant à la Destinée de l'espèce,
et quand le *mode* des relations humaines est établi con-
formément aux Attractions humaines.

Ainsi, la Destinée individuelle est comprise dans la
Destinée sociale; ainsi il y a pour l'espèce, comme pour
l'individu, un état vrai :

Cet état est celui où l'espèce accomplit la fonction générale à laquelle elle est destinée, et où l'individu accomplit ses fonctions particulières dans l'œuvre de l'espèce.

Et il y a pour l'espèce comme pour l'individu mille
états faux :

Ce sont ceux dans lesquels l'espèce n'accomplissant
pas sa tâche providentielle, aucun individu ne peut
remplir normalement ses fonctions particulières.

LA FORME SOCIALE.

Dans la forme sociale vraie, harmonique avec la nature de l'homme, calculée pour sa conformation et ses Attractions, il y a harmonie entre les trois sphères de la nature de l'homme ; elles tournent autour d'un point unique qui est leur centre commun ; il y a accord entre les passions et la raison : c'est-à-dire que les passions, ressorts primordiaux de toute activité physique et intellectuelle, sont utilisées ; elles ont dans l'œuvre sociale un emploi avoué par l'intelligence ; elles se développent librement en essors justes. L'ordre règne, les individus sont heureux. L'homme jouit.

Dans les formes sociales fausses, discordantes avec la nature de l'homme, contrariant ses Attractions, les trois sphères sont excentriques et leurs mouvements divergents. Les passions et les Attractions ne sont pas utilisées, elles sont hors d'emploi ; et comme il n'y a pas unité d'action sociale, elles sont en lutte dans mille actions sociales fausses et discordantes. Il y a lutte des passions dans l'individu, guerre des individus, guerre des nations. C'est le chaos. L'homme souffre. — Et les philosophes, et les législateurs, et les prêtres, moralisent, lient, compriment, effraient, et moralisent encore, et compriment encore, et lient encore, et effraient encore, et damnent la nature de l'homme, et damnent ses passions, et damnent ses attractions ; ils disent que c'est Satan qui les a faites. Comme si Satan était le Créateur de l'homme.

Ainsi, le bonheur, lié pour l'individu au développement libre et harmonique des facultés de ses trois sphères, au jeu naturel de ses Attraits, ne peut exister qu'à la seule condition que l'espèce accomplisse sa Destinée : ainsi, le mal ne vient pas des Attraits, mais de la forme sociale qui n'emploie pas les Attraits, et des philosophes, des législateurs, des prêtres, des meneurs des nations, qui, au lieu de rechercher la loi de l'emploi des passions, passent leur vie à combattre contre la nature de l'homme, à imposer leurs lois, les leurs, à l'homme, et à blasphémer Dieu en insultant à la nature de l'homme, faite par Dieu ; — au lieu de rechercher la LOI préétablie, hors de laquelle il n'y a pour l'homme qu'erreurs, prisons, échafauds, morales contradictoires, enfers, et douleurs de toutes espèces.

Oh ! que de honteuses et misérables folies ont été engendrées par cette intelligence humaine faussée, et révoltée contre les Attraits que Dieu a mis en nous ! Que de honteuses et misérables folies ont été et sont encore proposées à l'adoration des hommes, revêtues des noms les plus sacrés ! Que de maux, que de larmes, que de sang pour être entré dans cette voie funeste, pour avoir posé *en dogme absolu* LA RÉPRESSION DES PASSIONS, pour avoir si aveuglement persisté dans cette orgueilleuse révolte contre Dieu ! C'est là le sens de l'enfer et de la déchéance des anges rebelles. L'enfer est sur votre terre, cessez de l'aller chercher ailleurs : et il y sera tant que vous courberez vos fronts sous ces dogmes insensés qui vous viennent des hommes; et c'est aujourd'hui qu'il faut vous dire : *brisez ce que vous avez adoré, et adorez ce que vous avez brisé.*

Ils disent que Dieu, Créateur et Ordonnateur, est souverainement intelligent, souverainement bon, et ils

disent que l'homme est mauvais, que ses passions natives sont mauvaises! Quel est donc le sens de vos paroles, insensés? Et vous qui parlez ainsi, vous qui vou-
lez changer l'homme et qui condamnez Dieu, qui donc
êtes-vous, sinon des hommes? Vous admirez le corps et
son mécanisme, et vous réprouvez l'âme et ses passions!
Vous comprenez les merveilles de l'organisation des
muscles, des nerfs, des tendons, des fluides qui composent ce corps, et vous dites que l'organisme animique et
passionnel, dont l'autre n'est que l'instrument et le valet,
est faux et discordant!!! Voilà pourtant où l'humanité en
reste, voilà le cercle d'absurdités dans lequel elle tourne,
voilà le tourbillon d'inepties au sein duquel elle gravite :
et elle est si profondément plongée dans ces ténèbres ex-
térieures, qu'aujourd'hui, quand une Voix puissante vient
lui crier : « Voici la lumière! » elle ne comprend pas,
elle ne voit pas!... Et ceux qui la secouent, elle les regarde comme des visionnaires et des fous. Continue donc,
humanité! continue à écouter stupidement tes hypo-
crites ou sots prêcheurs de morale et de vertu; continue
à grouiller dans tes palabres de morale, de vertu, de
résignation..... et dans tes crimes, et dans tes infamies,
et dans tes abjections, dans toutes tes misères, dans ton
sang, dans ton sang... qui, si la terre ne le buvait pas
depuis que tu le répands, couvrirait la surface de ton
globe comme un déluge, et t'aurait déjà noyée!

Mais il y en a qui comprendront : et heureusement,
pour sortir de ce cloaque de fange et de sang qu'on appelle la Civilisation, il n'est pas nécessaire que tous
comprennent.

IV

LA ROYAUTÉ DE L'HOMME.

Ainsi, la question de bonheur ou de malheur pour tous les humains *depend de la solution du problème de la Destinée de l'espèce.* Nous venons de le démontrer irrécusablement, et de renverser en quelques pages, par l'énoncé d'une vérité d'ordre naturel ou divin, toutes les idées dans lesquelles l'esprit humain tourne et retourne depuis le commencement des choses ; car tous les dogmes chrétiens (1) et païens, orientaux et occidentaux, toutes les théories philosophiques, morales, théistes, déistes ou athées, légitimistes, libérales ou révolutionnaires, toutes les théories, tous les dogmes n'ont été jusqu'ici que des variétés d'un seul dogme, le dogme de la répression des Attractions, le dogme de la CONTRAINTE, tous ces dogmes de six mille ans, tout ce passé de l'esprit humain vient se briser contre le front de FOURIER, qui apporte aujourd'hui, lui, le dogme de L'ATTRACTION, et les moyens providentiels de faire passer la *loi en acte.*

Que ceux qui ne peuvent pas ou qui n'osent pas suivre, s'arrêtent.

Nous voici amenés à poser, non dans un but de vaines et stériles spéculations, mais dans un but pratique et sou-

---

(1) Nous parlons ici du christianisme historique et non du christianisme de Jésus, qui s'appuyait sur le dogmes de l'amour et de la liberté, et non sur le dogme impie de la nécessité fatale et absolue du mal et de la contrainte.

verainement important à chacun de nous, le problème
de la Destinée humaine.

Il faut répondre à cette question :

Pourquoi l'homme a-t-il été créé et mis au monde ?
Quelle action l'espèce humaine est-elle appelée à exercer
sur cette terre ?

A cette question voici la réponse :

La fonction que l'espèce humaine est appelée à exercer sur le globe qui lui a été confié, c'est *la gestion de ce
globe*. Telle est sa Destinée sur la terre.

Mettez-vous en face de cette idée, suscitez en vous la
pensée de l'Ordre universel, de l'harmonie des choses,
montez en haut et demandez-vous si vous n'avez pas la
perception d'un rapport vrai, naturel, d'une convenance
haute et souveraine, d'une coïncidence concentrique
avec votre sphère intellectuelle, lorsque vous recevez
cette conception,

*Que l'homme, Etre intelligent, puissant, complet,
central parmi tous les Etres créés sur son globe, est
appelé à les gouverner et à régir son globe.*

C'est là une vérité qui nous saisit.

Moïse nous a légué par tradition, dans sa cosmogonie,
cette haute pensée de la création, que nous retrouvons
écrite en nous : voici le verset qui vient après la création d'Adam, l'homme universel, l'espèce :

« Et Dieu les bénit et leur dit : Croissez et multipliez-
» vous ; peuplez la terre, assujétissez-la, et commandez
» aux poissons de la mer et aux oiseaux du ciel, et à
» tous les animaux qui se meuvent sur la terre. »

Et c'est en ce sens de la Destinée de l'homme qu'il a
été dit que l'homme a été créé à l'image de Dieu, le souverain Ordonnateur : c'est en ce sens que l'homme est
appelé à être Dieu sur sa terre.

Or, si la Destinée de l'espèce humaine est la gestion de
son globe, les facultés des individus et les instincts, les
passions, les Attraits qui suscitent et mettent en jeu
les facultés, ont dû être *exactement calculés pour l'ordre de choses dans lequel l'humanité accomplirait sa
haute gestion, sa Destinée.* Ainsi, c'est dans cet ordre
seulement que peut et doit s'établir l'accord entre la passion et la raison. Hors de cet ordre, elles discordent nécessairement, et en tout point.

Et maintenant, pour descendre dans la sphère des applications, demandez-vous si l'espèce accomplit sa mission, sa tâche, son œuvre, sa Destinée, quand elle se
meut dans l'une des formes sociales jusqu'ici parcourues,
et qui peuvent se ramener toutes à l'une des formes ty-
piques désignées par les mots de *Sauvagerie, Patriar-
cat, Barbarie* et *Civilisation*, période à laquelle sont
parvenues les nations les plus avancées aujourd'hui dans
le mouvement social ?

Non, bien évidemment non ; car dans toutes ces formes, dans toutes ces périodes, dans toutes ces sociétés,
le globe, au lieu d'être unitairement cultivé, administré,
régi par l'homme, est plus ou moins dévasté par l'homme.
Non ; car les forces humaines, au lieu de se réunir en
faisceau convergent, et de s'appliquer à l'exploitation du
globe, sont plus ou moins gaspillées, plus ou moins tour-
nées les unes contre les autres. Non ; puisque l'activité
humanitaire, au lieu de l'immense *effet utile* dans lequel elle est appelée à se résoudre, en opérant régulièrement sur les choses de la création, ne produit, au contraire, que des mouvements faux, des dévastations, des
pertes de force vive, des frottements et des chocs.

Or, si l'espèce n'est pas dans sa Destinée, les passions,
les Attractions natives de l'individu, qui sont faites pour

cette Destinée, et qui ne sont pas appliquées à leur œuvre propre, sont nécessairement en action fausse, en divergence, en lutte, en révolte. De là les perturbations, les conflits, les guerres, le mal. Et l'humanité reste hors de Destinée, et le mal se perpétue, et les hommes se tourmentent, et la terre est ensanglantée tant que les philosophes, les législateurs, les prêtres, les conducteurs des peuples, s'obstinent à agir sur l'homme pour le plier à la forme sociale, au lieu d'agir sur la forme sociale pour la plier à l'homme ; tant qu'ils amoncellent leurs morales absurdes et arbitraires en principe, leurs lois absurdes et arbitraires en principe, leurs religions absurdes, arbitraires et impies en principe. Et c'est dans la sphère des erreurs, des mensonges et de toutes les souffrances, que l'humanité tourne, retourne et s'agite vainement et misérablement.

O génies étroits ! génies de terre-à-terre ! intelligences faussées et hors de route ! laissez donc là vos débats si petits, si vains, si funestes ; et si vous avez la volonté d'agir sur les choses, envisagez d'abord le BUT, et apprenez ce qu'il faut vouloir. — Où allez-vous ? — A tous ces gens qui taillent et tranchent au travers de la politique, de la morale, de toutes les grandes questions philosophiques et religieuses, faites cette question en face. Ils ne savent rien et ils n'auront rien à répondre.

V

LES ATTRAITS.

Que si les considérations auxquelles je viens de me livrer paraissent étranges et ambitieuses en tête d'une petite brochure qui traite d'architectonique, je ferai observer qu'il ne s'agit point dans cette brochure de discussions architecturales sur les architraves, les corniches et les frises, sur les ordres, les moulures et les profils. Il s'agit de l'architecture considérée dans ses rapports avec les formes diverses de la société, avec la vie humaine, et pivotalement avec la Destinée humaine. Et comme je n'ai pas pour but d'écrire quelques phrases vaines et stériles sur les monuments du passé, et de me donner un canevas à broder ma littérature ; comme au contraire ma pensée est de présenter au lecteur les principes généraux de l'architecture de l'avenir, je dois lui exposer d'abord les principes généraux des sociétés de l'avenir, dont ceux là ne sont qu'une déduction. On se convaincra facilement, au reste, de l'intimité de ces choses. — Et puis, bien que les idées sociales soient nécessaires à l'intelligence de l'idée architectonique, je n'écris pas les choses sociales pour faire comprendre les choses de l'architecture, mais les choses de l'architecture pour faire comprendre les choses sociales. C'est là mon but.

En tête d'un court développement de l'architectonique sociétaire, découverte par Fourier, il convenait donc de placer un court exposé des principes du régime sociétaire, découvert par Fourier. Avec cela, les intelligences fortes ou faciles iront à toutes les conséquences. Elles seront pilotées dans le Nouveau-Monde. —Quelques mots encore pour jalonner la route.

J'ai signalé tout à l'heure les principes généraux, positifs, vrais, absolus, sur lesquels Fourier, carrément assis, nie le passé en conceptions *sociales*, comme Colomb a nié le passé en conceptions *géographiques*, comme Copernik et Galilée l'ont nié en conceptions *astronomiques*. Voyons maintenant quelle est l'affirmation, la conception , la théorie qui fait face à sa négation.

La Destinée terrestre de l'homme est la gestion de la terre.

Les Attractions sont proportionnelles aux Destinées.

Donc, pour découvrir la forme, la loi sociale suivant. laquelle l'homme doit accomplir sa Destinée, il faut étudier les Attractions de l'homme, ses passions, en reconnaître les tendances, les exigences, les vœux, et déduire de ces données naturelles un Mécanisme social applicable à la gestion du globe. — Ici, il n'y a plus rien d'arbitraire : tout est scientifique.

Fourier a donc analysé l'homme sous le rapport des passions constitutives de la nature humaine. De l'analyse passionnelle il a facilement passé à une synthèse sociale qui n'est autre chose que la forme sociale harmonique avec l'organisme de l'homme, et dans laquelle les passions convergent naturellement vers un but utile, vers l'emploi auquel elles sont destinées : — la haute exploitation du globe.

Fourier a donc découvert la formule de l'application des instincts, des goûts, des penchants, des passions natives ; en un mot, la formule de l'application des Attraits au mécanisme *de la grande industrie humanitaire;*—le mot industrie étant entendu ici dans une acception toute générale, et signifiant l'emploi de l'activité physique et intellectuelle de l'homme à toute opération utile à l'humanité, concourant à la production du bien social. Ainsi défini, ce mot embrasse tous les travaux de ménage , d'agriculture, de manufacture, de science, d'art, d'éducation , d'administration , etc., dont l'ensemble et la coordonnation unitaire sur le globe, composent bien évidemment le système d'action que l'homme y doit exercer et qui, seul, est en rapport avec sa Destinée et son bonheur.

Vous voyez donc bien qu'il ne s'agit pas de chartes, de constitutions, de monarchie, de république, ni de toutes les sottises politiques, morales et philosophiques dont on s'est si long-temps et si malheureusement occupé, et qui n'ont donné pour résultat que des misères, des guerres, et les douleurs de toute espèce qui rongent à belles dents la pauvre humanité : ce qui sera son lot tant qu'elle restera hors de Destinée. — Il s'agit :

De produire l'invention, de faire la découverte du mécanisme naturel d'industrie dans lequel l'homme travaillera par *plaisir* et par *passion*, — au lieu de travailler par *contrainte* et de tourner l'activité de ses passions *contre ses semblables*; — où ses passions, en un mot, le tireront incessamment du côté du Bien au lieu de le pousser incessamment au Mal. — Et c'est là le problème qu'a résolu le haut et puissant génie de Fourier. — Vous pouvez en juger.

IV

L'ÉLÉMENT SOCIAL.

L'action industrielle de l'humanité sur son globe devant s'exercer par les individus, et un individu ne pouvant agir sur tout le globe, il en résulte que l'action générale ne peut s'exercer qu'à la condition que les individus se grouperont en agglomérations primaires, en centres d'action de différents ordres, coordonnés et hiérarchisés entre eux.

La première agglomération, le premier centre d'action, le premier atelier de travail humanitaire, c'est la Commune. C'est dans la Commune que s'opèrent les travaux domestiques, agricoles, manufacturiers, ceux de l'art, de la science, de l'éducation ; c'est dans la Commune que l'homme en général vit, agit, travaille. L'exploitation unitaire et régulière du globe, ne peut être exécutée que par l'ensemble des travaux des Communes.

La grande question sociale, la question de Destinée, la question de l'organisation du travail humanitaire, se résout donc d'abord, et en principe, dans la question de l'organisation industrielle de la Commune. C'est là la pierre angulaire de l'édifice social.

Puis, après ceci, vous avez à régulariser les rapports extérieurs des Communes groupées entre elles pour former la province, des provinces dans la nation, des nations dans le continent, des continents sur le globe.

Mais ce qu'il importe de bien comprendre, pour sentir combien sont misérables les controverses qui nous agitent, pour confondre tous nos docteurs politiques, toujours et toujours accrochés et pendus aux questions d'ordre gouvernemental ou administratif, c'est que la question sociale pivote tout entière sur l'organisation de la Commune, et que les questions administratives ne peuvent être sainement mises à l'ordre du jour qu'après celle-ci.

Car il n'est pas plus possible d'avoir l'ordre, la richesse, l'harmonie dans l'État, quand le désordre, la pauvreté et les hostilités sont au sein de la Commune, que d'avoir une armée manœuvrant bien, et se battant bien, quand toutes les compagnies de cette armée manœuvrent mal et se battent mal.

Ainsi, la question d'ordre ou de désordre, d'harmonie

ou de discordance, de paix ou de guerre, de richesse ou
de misère, de liberté ou d'oppression, d'*Attrait* ou de
Contrainte, se résout d'abord et passe tout entière par
celle de l'organisation de la Commune.

C'est là qu'il faut substituer l'accord des passions à
leur discordance, la convergence des forces à leur divergence : c'est là qu'il faut harmoniser d'abord les intérêts, les passions, les caractères.

Il faut savoir, à la Commune *insociétaire et morcelée,*
substituer la Commune *sociétaire et combinée.* C'est ce
que Fourier a fait, et cela d'une manière aussi certaine,
aussi positive, aussi rigoureuse que problème mathéma-
tique du monde.

VII

L'ÉLÉMENT ARCHITECTURAL.

Or, la connaissance de l'organisation d'une Commune sociétaire, d'une PHALANGE INDUSTRIELLE, élément alvéolaire de la société harmonique, se compose
de la connaissance du mode de travail, du mode de répartition des produits, du mode d'éducation, particuliers
à cette organisation, et avant tout *du mode de construction de la demeure où l'homme sera* LOGÉ : — car il faut
que d'abord le gérant soit logé sur son domaine.

C'est cette dernière branche que je traite particulière-
ment ici, — et comme elle est en corrélation parfaite
avec les convenances et les conditions générales du Régime sociétaire, c'est un côté par où il peut être bon
d'en commencer l'étude.

Toutefois, — et cela va sans dire, — je ne prétends

pas que chacun puisse aller, d'un bond, d'ici à tout le reste. — Aussi, n'adressé-je cette brochure qu'aux hommes d'intelligence qui saisissent une conception d'un coup d'œil, à ceux qui sont *individuellement doués* de ce tact qu'on appelle l'*instinct du vrai*, aux artistes surtout. — Puis, je rappelle, en terminant cet Avant-propos, que le principe de certitude, le *criterium* du vrai et du faux, consiste à se faire cette question et à y répondre : « Cela convient-il à l'homme, cela est-il en » rapport avec ses Attractions natives, cela est-il corré- » latif et conforme à l'ORDRE ? »

VIII

LA DESTINÉE INTÉGRALE.

Il importe de remarquer que la question de la Destinée n'a été envisagée dans cet *Avant-propos* que sous le rapport seulement de la carrière et de la fonction *ter-restres* de l'humanité. La Théorie générale des DESTI-NÉES est une question bien autrement large et qui comporte la conception de la Loi transcendante qui régit la Vie universelle. La connaissance de cette Loi, la con-quête de cette Science suprême, doivent donner à l'homme non seulement l'intelligence du présent, mais encore celle de l'avenir et du passé, la théorie rationnelle de l'immortalité de l'âme, et des migrations antérieures et postérieures.

Nous n'avons donc envisagé qu'un cas particulier du problème général ; nous n'avons déterminé qu'une ap-plication spéciale de la Loi ; nous ne nous sommes pas

2

occupé de la Vie universelle, de l'ensemble des Êtres, mais uniquement du règne hominal, et encore du règne hominal en développement terrestre, en vie inférieure.

Toutefois, on peut saisir facilement le lien qui existe entre la Destinée spéciale que nous avons déterminée et la Destinée universelle. En effet, sans entrer à cet égard dans des développements qui trouveront leur place ailleurs, n'est-il pas clair que l'homme ne peut accomplir la haute gérance dont il est chargé, et recevoir l'investiture de sa Destinée active qu'à la condition des conquêtes intellectuelles les plus transcendantes, puisqu'il ne peut établir l'ordre et l'harmonie sur son domaine terrestre que par suite de la connaissance de la Loi d'ordre et d'harmonie qui régit l'univers, et en se conformant à cette Loi, en l'appliquant aux choses sur lesquelles il a reçu puissance et domination?

Il faut donc se garder de croire que la conception de Fourier matérialise l'idée de la Destinée, parce qu'elle précise l'idée et enseigne qu'elle doit porter d'abord sur *l'action* que l'homme est appelé à exercer. N'en déplaise à ceux qui appliquent l'épithète de matériel à tout ce qui n'est pas vague et nuageux, la Destinée d'un Être, c'est bien, comme nous l'avons énoncé, *la Fonction qu'il est appelé à remplir dans l'Ordre universel.* Mais quand la Fonction est une Fonction *ordonnatrice*, quand l'Être est un Être *intelligent*, quand il s'agit de l'homme, et que nous disons l'homme appelé à agir, à faire, à ordonner et régir, nous entendons qu'il ne peut *agir suivant sa Destinée*, et *régir*, qu'à la condition de *connaître* et de *savoir*.

Cette conception, que des esprits mal faits ou plutôt faussés, se plaisent à dire matérialisante, contient, comprend et embrasse une conception à laquelle ils ne font pas ce reproche, parce qu'elle a l'avantage d'être vague pour eux ; c'est celle que nous avons tous lue, enfants, sur la première page de notre Catéchisme.

« D. Pourquoi Dieu nous a-t-il créés et mis au monde?»

« R. Pour le connaître, l'aimer, le servir, et par ce » moyen acquérir la vie éternelle. »

Cette conception est belle et vraie, mais à la condition d'être fécondée et précisée, à la condition qu'on ne la laissera pas dans la région du vague, et que l'on commentera ainsi la réponse :

L'homme est appelé à *connaître* Dieu ; mais il ne peut *connaître* Dieu qu'en acquérant la connaissance de la Loi d'ordre et d'harmonie qui régit l'univers ; car cette Loi est la révélation de la pensée de Dieu ;

L'homme ne peut *servir* Dieu qu'en appliquant cette Loi d'ordre et d'harmonie au monde sur lequel il a reçu puissance et domination, car c'est pour accomplir cette tâche que Dieu lui a donné force et intelligence ;

L'homme ne peut *aimer* Dieu qu'en s'élevant à la connaissance de sa Loi, et en réalisant cette Loi, car elle seule peut donner le bonheur à tous les Êtres, et établir universellement le concert affectueux du Créateur avec la créature ;

L'homme, enfin, ne peut acquérir *la Vie Éternelle* qu'en entrant dans les voies de cette Loi suprême d'ordre et d'harmonie ; car tant qu'il reste hors de ces voies, il reste hors de l'Ordre et de l'Harmonie, hors de la Vie universelle et éternelle.

FIN DE L'AVANT-PROPOS.

LES *Considérations sur l'Architectonique* exposées ci-après sont extraites du 1er volume de DESTINÉE SOCIALE, et forment un *spécimen* de l'ouvrage entier, qui a pour but de développer la Science sociale découverte par Fourier et de la mettre à la portée des bonnes intelligences. On aura une idée générale de l'ouvrage entier, par la table des matières.

TABLE DES MATIÈRES

DE

DESTINÉE SOCIALE.

PREMIER VOLUME

DEUXIÈME VOLUME.

2.

La seconde moitié du 3ᵉ et dernier volume contiendra le complément de l'éducation (haute enfance) et déduira la position sociale de la femme dans les périodes harmoniques, la loi de répartition des produits, le système d'opération des armées industrielles de différents ordres, les équilibres passionnels, la grande thèse de physique sociale sur la culture intégrale et la restauration des climatures, etc.

Toutes ces questions ne sont pas spéculations vaines et de pure curiosité. Tout cela est fait pour la pratique, appelé à passer en pratique et à y passer promptement.

Il ne s'agit pas aujourd'hui de suivre une ligne, de tirer conséquence des principes anciens, de perfectionner les choses : il s'agit de rompre avec des préjugés funestes, avec des erreurs séculaires.

Le passé ne vous lègue qu'un seul enseignement, c'est à savoir : qu'il n'y a pour l'homme que douleurs et misères, tant que s'obstinant dans de fausses voies sociales, il cherche à obtenir le bien par répression des passions, au lieu de le chercher dans l'emploi bon, utile, social et religieux des passions.

Vous avez eu des disputes philosophiques qui ont duré des siècles, des disputes théologiques qui ont duré des siècles, des disputes politiques qui ont duré des siècles, et toujours, toujours vous tournerez dans un cercle vicieux de controverses stériles, honteuses et sanglantes, tant que vous ne cesserez pas de prendre pour point de départ un principe faux.

Comment auriez-vous trouvé et réalisé le bien, puisque vous couriez sur la route opposée à celle sur laquelle il se trouve ?

Comment aurait-on découvert le Nouveau-Monde, si l'on n'eût pas fait voile sur la mer Atlantique, si l'on ne se fût jamais écarté des côtes des anciens continents? Que l'on cesse donc de trouver étrange qu'un homme s'en vienne aujourd'hui donner un démenti à un passé de quatre ou cinq mille ans. En toute branche un inventeur donne un démenti aux opinions de ceux qui l'ont précédé. Et c'est du jour où le démenti est donné, et donné à bon droit, que la science est constituée.

Avez-vous eu jusqu'ici une science sociale? qui peut dire que le monstrueux fatras de toutes les contradictions morales, philosophiques, législatives, théologiques, sociales, constitue une science? — Toutes ces contradictions, toutes ces aberrations vous attestent l'erreur et l'absence de science? — Aujourd'hui on vous apporte la science, le principe naturel, la Loi et ses conséquences : ce que vous avez de mieux à faire, c'est d'écouter, car il y va tout d'abord de vos intérêts les plus chers, de votre bonheur.

La découverte des lois du régime sociétaire est plus importante pour vous que la découverte de l'Amérique, de l'attraction newtonienne, de la machine à vapeur, et toute autre que vous pourrez dire.

Énoncer que la découverte de Fourier n'est pas fondée en raison, *parce que cela serait trop beau*, est une misérable niaiserie, car il n'y a que des badauds qui puissent conclure qu'une chose est fausse parce qu'elle est bonne. Dire *que les hommes seront toujours malheureux parce qu'ils ont été malheureux jusqu'ici*, c'est encore une sottise : car les misères qui les accablent dans les formes sociales fausses sont la preuve des biens qui leur sont réservés dans la forme sociale vraie. Voudrait-on, par hasard, qu'ils pussent trouver le bonheur quand ils sont hors de leur Destinée?

Dire *que la théorie sociétaire est fausse, parce que si elle était vraie, on l'aurait déjà découverte*, c'est encore une sottise, que la routine épaisse et malveillante a jetée de tout temps à la tête de *tous* les inventeurs, qui a servi de base à la détraction et aux persécutions dont ils ont été récompensés chacun dans leur siècle, mais qui n'a jamais détruit la valeur d'aucune découverte.

Il y aurait encore beaucoup d'objections de la même force à passer en revue; mais ce n'est pas ici le lieu, et je conclus en engageant les hommes d'intelligence et de cœur à étudier, et les autres à se taire.

DESCRIPTION DU PHALANSTÈRE.

Considérations sociales sur les variations de l'Architectonique.

Il est pour les édifices, comme pour les sociétés, des méthodes adaptées à chaque période sociale.
CH. FOURIER.

§ I.

Toutes les idées qu'ils appliquent journellement à leurs besoins, à leurs plaisirs, à leurs commodités, ne portent-elles pas chacune la certitude de l'idée à laquelle elles doivent la naissance. Un livre n'est-il pas le signe du plan qu'un homme a formé de rassembler ses pensées comme dans un même corps? Un char n'est-il pas le signe du plan qu'un homme a formé de se faire transporter rapidement sans fatigue? Une maison n'est-elle pas le signe du plan qu'un homme a formé de se procurer une vie commode, et à couvert des intempéries?

SAINT-MARTIN.

Les dispositions architectoniques varient avec la nature et la forme des sociétés dont elles sont l'image. Elles traduisent, à chaque époque, la constitution intime de l'état social, elles en sont le relief exact et la caractérisent merveilleusement.

On pourrait poser cette loi en principe, et l'établir *à priori*; nous allons en donner la démonstration sensible en jetant un coup-d'œil rapide sur les variations et les mouvements successifs de l'art architectural dans les différentes périodes sociales.

Transportez-vous d'abord au sein d'une peuplade de Sauvages; examinez le kraal d'une tribu noire établie sur les bords d'un fleuve de la terre africaine, ou les wigwams élevés par une horde de Peaux-Rouges dans les clairières des grandes savanes et des forêts vierges de l'Amérique. Là, ni culture, ni industrie, ni propriété territoriale : l'insouciance et la liberté sont les traits saillants des mœurs de cette période. Voyez l'habitation, comme elle est en conformité de relation avec ces caractères. Cette habitation n'est qu'une frêle construction de terre, de mousse et de branchages, élevée sans peine et abandonnée sans regret lorsque la chasse ou la guerre commandent le déplacement de la peuplade.

La pêche, la chasse et la guerre sont les seuls éléments de l'activité du Sauvage ; aussi les os de poissons qui lui servent d'hameçon, l'arc et les flèches avec lesquelles il atteint sa proie dans les forêts, et ses armes de guerre, tomawk, zagaye et couteau à scalper, composent-ils avec les crânes des ennemis vaincus, les peaux des quadrupèdes et les dépouilles des oiseaux mis à mort, toute la décoration de sa demeure.

Voilà la construction, voilà la décoration.

Tous les caractères de la période sont là. La hutte vous dit toute la vie du Sauvage.— Dans cet état de faiblesse et d'enfance, l'humanité ne laisse aucune trace de son passage ; son pied ne marque pas sur le sol ; elle ne change pas l'aspect des lieux où elle a résidé.

L'Arabe vagabond, lui, porte à dos de chameau sa maison, toujours prêt, dans sa vie errante, à dresser sa tente là où il rencontre une source d'eau vive et des pâturages. La corrélation est telle, que quand vous prononcez ce mot, l'Arabe, vous ne pouvez vous représenter l'homme du désert sans voir en même temps son cheval, son chameau et sa tente. — Le Lapon grossier hiverne dans une hutte enfumée et souterraine, et cette architecture aussi est en rapport avec ses habitudes et ses mœurs. Cette vie dans le sein de la terre, n'est-elle pas la représentation fidèle d'un état social véritablement embryonnaire et fœtal ?

Puis viennent les tours épaisses et crénelées du seigneur féodal, aux murs lourds et massifs comme sa cuirasse de guerre, le château-fort sur la cime du rocher qu'il étreint de ses fondations de pierre et de ciment,

comme un milan de ses griffes. Et au-dessous du manoir
haut-bâti, qui commande fièrement la campagne à l'entour, surgissent de terre sur le penchant du mont, comme
des taupinées, les misérables cabanes des vassaux, qui
font une humble chaussure à son pied géant.

Puis c'est la cathédrale du moyen-âge, puissant et
mystérieux assemblage de masse et de légèreté, à la fois
imposante et gracieuse, aérienne et sévère; la cathédrale qui jette ses ogives aiguës et ses flèches brillantes
dans les grandes ombres des nefs où vont s'enchevêtrer
capricieusement leurs merveilleux contours.—Ce sont là
mille colonettes qui se groupent et s'élancent au ciel
comme de hardies fusées de pierre; mille sculptures
saintes et sataniques; mille figures angéliques et gro-
tesques; des vierges et des monstres; des chérubins et
des animaux immondes; des choses bizarres... tout cela
hérissant l'immense édifice dentelé, découpé, brodé,
percé à jour, fragile, sonore, et tremblant au vent, et
lourd pourtant dans sa masse réelle, et carrément assis
sur sa base. Et au-dessus de ces choses, des tours mira-
culeusement posées dans les airs, au-delà de l'atmosphère des hommes, et planant dans la sphère supérieure
d'où sortent comme des voix du ciel les voix des clo-
ches, mélancoliques, étendues, vibrantes, qui commandent au loin sur la terre et appellent les fidèles au culte
du Seigneur. Cette cathédrale, c'est la puissante Théo-
cratie qui a pris sa forme et revêtu sa chape de granit;
cette cathédrale, qui a le pied sur les maisons des hommes et la tête au ciel, est faite pour la célébration des
mystères d'une religion de terreur et d'amour, de para-
dis et d'enfer, comme la hutte de branchages est faite
pour l'homme du Cap ou des Florides, la tente pour
l'homme du désert, le souterrain enfumé pour l'habitant
des régions polaires, le castel crénelé pour le chef féodal.

Dans la hutte, l'humanité dort ses premiers sommeils
et s'essaie à la vie; puis, quand la force et l'intelligence
commencent à lui venir, elle travaille dans la cabane,

3

elle guerroie dans le château-fort, elle prie, espère, trem-
ble et s'inspire dans le temple et la cathédrale.

L'Art suit l'homme pas à pas dans ses initiations successives : sa puissance plastique donne des formes sensibles à toutes les conquêtes progressives que font, sur
la nature, l'intelligence et l'activité humaines. Quand il
ne sert pas lui-même d'arme pour les faire, l'Art du
moins consacre ces conquêtes.

La matière est inerte, et l'esprit actif. L'esprit moule
et pétrit la matière. La pensée donne la forme. L'homme,
individu ou espèce, se peint comme Dieu dans ses œuvres : et c'est pour cela qu'il y a entre l'état de l'Art chez
un peuple et l'état de ses mœurs et de ses habitudes,
entre l'Art et la vie sociale en un mot, un rapport intime,
une corrélation infaillible.

Or, l'art qui donne à l'homme sa demeure, est le premier de tous les arts, celui autour duquel se groupent les
autres ainsi que des vassaux autour de leur suzerain : la
Sculpture, la Peinture, la Musique, la Poésie elle-même,
ne peuvent donner leurs grands effets qu'à condition
d'être coordonnées et harmoniées dans un Tout architectural. L'Architecture c'est l'art pivotal, c'est l'art qui résume tous les autres, et qui résume par conséquent la
société elle-même : — l'Architecture écrit l'Histoire.

§ II.

Il est, il est sur terre une infernale cure,
On la nomme Paris : c'est une large étuve,
Une fosse de pierre aux immenses contours,
Qu'une eau jaune et terreuse enferme à triples tours;
C'est un volcan fumeux et toujours en haleine,
Qui remue à longs flots de la matière humaine;
Un précipice ouvert à la corruption,
Où la fange descend de toute nation;
Et qui de temps en temps plein d'une vase immonde,
Soulevant ses bouillons, déborde sur le monde.

Le Temps qui balaya Rome et ses immondices,
Retrouve encore, après deux mille ans de chemin,
Un abîme aussi noir que le cuvier romain.
                                    AUGUSTE BARBIER.
Madrid ! princesse des Espagnes !
                                    ALFRED DE MUSSET.

L'ARCHITECTURE écrit l'histoire.

Voulez-vous connaître et apprécier la Civilisation dans laquelle nous vivons? Montez sur le clocher du village, ou sur les hautes tours de Notre-Dame.

D'abord, c'est un spectacle de désordre qui va frapper vos yeux :

Ce sont des murs qui se dépassent, s'entrechoquent, se mêlent, se heurtent sous mille formes bizarres ; des toitures de toutes inclinaisons qui se surhaussent et s'attaquent ; des pignons nus, froids, enfumés, percés de quelques rares ouvertures grillées; des clôtures qui s'enchevêtrent ; des constructions de tout âge et de toute façon, qui se masquent et se privent les unes les autres d'air, de vue et de lumière. C'est un combat désordonné, une effroyable mêlée architecturale.

Les grandes villes, et Paris surtout, sont de tristes spectacles à voir ainsi, pour quiconque a l'idée de l'ordre et de l'harmonie, pour quiconque pense à l'anarchie sociale que traduit en relief, avec une hideuse fidélité, cet amas informe, ce fouillis de maisons recouvertes de combles anguleux, échancrés, brisés, divergents, confondus; armés de leurs garnitures métalliques, de leurs

girouettes rouillées , de leurs innombrables cheminées,
qui dessinent encore mieux l'incohérence sociale, le
Morcellement d'où ce chaos architectural est sorti.

Aussi, grâce à cette absence d'ensemble, d'harmonie,
de toute prévoyance architecturale et de combinaison des
choses, voyez comme l'homme est logé dans la capitale
du monde civilisé!

Il y a dans ce Paris un million d'hommes, de femmes,
et de malheureux enfants, entassés dans un cercle étroit
où les maisons se heurtent et se pressent, exhaussant
et superposant leurs six étages écrasés; puis, six cent
mille de ces habitants vivent sans air ni lumière, sur
des cours sombres, profondes, visqueuses, dans des caves humides, dans des greniers ouverts à la pluie, aux
vents, aux rats, aux insectes... Et depuis le bas jusques
en haut , de la cave aux plombs, tout est délabrement,
méphitisme, immondicité et misère....

Ce grand fait immonde est une nécessité, puisqu'il est
une réalité, et que ce qui est est fatal. Mais reconnaissez
donc que c'est une nécessité de votre société qui l'a réalisé, ce fait; une expression des combinaisons humaines
qui l'ont produit, et non une nécessité absolue et d'ordre
naturel!

Et puisque l'effet est immonde, funeste, délétère, mor-
tel à l'homme, reconnaissez donc que la grande et pri-
mordiale cause qui l'a engendré, que la cause dont il tire
sa raison d'être, que le principe social enfin est mauvais
et subversif! Vous qui répondez à toute critique, à toute
dénonciation qu'on vous fait du Mal, par ce grand mot :
Nécessité, vous qui affirmez que le Mal est de condition
naturelle, fatal, imposé à l'homme par l'essence même des
choses, essayez donc de nous dire que, ici comme ailleurs, le Mal n'a pas sa source dans une fausse combinaison sociale , mais dans cette *Nécessité* d'ordre supérieur dont vous parlez, dans cette *Nécessité* qui est,
à tout, votre réponse unique et idiote ! — Cet empoisonnement des atmosphères où grouillent les agglomé-

rations humaines, est-ce un fait de la nature ou un fait
de l'homme ? Est-ce de main divine ou de main humaine ?

Dites, est-ce un air qui recèle la maladie et les germes
de mort, cet air que vous respirez quand vous parcourez
les prés, les bois, les clairières des forêts, les rives des
fleuves et les plages des mers ? quand vous marchez dans
les grandes herbes vertes lorsqu'elles étincellent au ma-
tin sous les perles et les diamants de la rosée, lorsqu'elles
dressent les mille têtes de fleurs qui leur font de si riches
couronnes, et qu'elles exhalent sous le soleil mille
suaves haleines, et vous disent, de mille voix parfu-
mées, que Dieu a placé l'homme sur une terre favorable,
que la nature lui est propice et bonne ?...

· Et s'il y a, dans la création, des races malfaisantes, des
espèces immondes, est-ce que puissance n'est pas à
l'homme de les vaincre et de les détruire ? Et s'il y a des
marais fétides, des déserts stériles et des zônes brûlées,
n'est-ce pas parce que l'homme, ne remplissant pas sa
tâche et gouvernant mal son domaine, se laisse envahir
là où il devrait régir et commander ? Et ces grandes plaies
de la Nature ne sont-elles pas une attestation du désordre, une punition méritée par l'homme, une révélation
de sa déviation sociale, un poteau placé au bord de la
mauvaise route, indicateur du précipice, une voix avertis-
sante, la voix de la douleur, la seule voix par laquelle
la Nature puisse parler à l'homme en déviation, et qui lui
crie incessamment aux oreilles : « Tu t'égares, le chemin est mauvais ; tu n'es pas dans ta loi, tu n'es pas dans
ta destinée ! » — N'est-ce pas un SIGNE, enfin ?

Oh ! qu'elle est bonne et secourable cette Nature ! et
combien il faut que la pensée humaine ait perverti la pensée humaine, pour qu'on ne comprenne pas cette grande
voix toute de sollicitude et de maternité !... Quoi donc ?
vous ne comprenez pas, quand, au soir, vous revenez de
ces campagnes si belles, à la végétation si luxueuse, au
ciel si chaud et si coloré, aux eaux si pures, aux loin-

tains si vaporeux, aux parfums si doux ? quand vous en
revenez le soir, de la santé au corps et de la vie à l'âme,
et que vous rentrez dans vos villes fétides, et que vous
respirez leur air qui pue, leurs miasmes qui tuent, quoi
donc ! vous ne comprenez pas ? ..

Et quand vous voyez mourir vos petits enfants et vos
jeunes filles de dix-sept ans, vous dites : « Le Mal est une
» Nécessité, la terre est au Mal, l'homme est au Mal,
» c'est Dieu qui le veut. » — C'est Dieu qui le veut !!... Oh
taisez-vous ! taisez-vous, car vous blasphémez Dieu !...

Est-ce Dieu qui a fait Paris, — ou les hommes ?...

Regardez. Répondez. Voilà Paris :

Toutes ces fenêtres, toutes ces portes, toutes ces ouvertures, sont autant de bouches qui demandent à respirer : — et au-dessus de tout cela vous pouvez voir, quand
le vent ne joue pas, une atmosphère de plomb, lourde,
grise et bleuâtre, composée de toutes les exhalaisons immondes de la grande sentine. — Cette atmosphère-là,
c'est la couronne que porte au front la grande capitale ;
— c'est dans cette atmosphère que Paris respire ; c'est
là-dessous qu'il étouffe... — Paris, c'est un immense atelier de putréfaction, où la misère, la peste et les maladies travaillent de concert, où ne pénètrent guère l'air
ni le soleil. Paris, c'est un mauvais lieu où les plantes
s'étiolent et périssent, où, sur sept petits enfants, il en
meurt quatre dans l'année.

Les médecins qui ont porté des secours à domicile, au
temps du choléra, et qui ont pénétré dans les tanières
des classes pauvres, ont fait alors des récits à faire fré-
mir ; mais les riches ont déjà oublié tout cela...

Et moi, riches, je veux vous le rappeler !

Riches, qui menez joyeuse vie, qui jouissez, qui pre-
nez vos plaisirs et conduisez vos danses au sein de cette
perfide atmosphère qui vous décime et qui prend à
leurs mères vos jeunes filles adorées et vos beaux enfants sans que vous en sachiez comprendre la cause ; riches, qui oubliez la solidarité de tous les membres de la

famille humaine ; riches ! je veux vous le rappeler....
Écoutez. Voici ce que disait alors l'un de ces médecins
qui ont peu dormi quand le fléau tordait les entrailles de
Paris, — un (1) qui est allé partout où il y avait des
hommes saisis par la peste, et se débattant corps à corps
avec elle... partout où il y avait des pauvres, surtout...
Écoutez :

Le choléra ne viendra pas à Paris, disait-on, ou du moins
sa présence sera à peine sensible ; il n'aura pas de prise sur
ce centre de la Civilisation, ce foyer de lumière. On parlait
bien de la misère des pauvres, mais c'était un sujet de pitié
et non pas de crainte pour les riches ; on ne croyait pas à la
solidarité du riche et du pauvre ; on ne connaissait pas cette
affreuse, cette contagieuse pauvreté : le choléra l'a montré
dans toute sa nudité. Les médecins eux-mêmes, qui voient
tous les jours des malheureux, ont été stupéfaits. Habitués à
respirer l'air des hôpitaux et des amphithéâtres, plus d'une
fois ils ont été suffoqués en abordant l'atmosphère où vivent
et s'élèvent des êtres humains qui travaillent pour nous. Dans
leurs sales taudis, la porte seule laisse entrer un peu d'air déjà
empesté par les plombs et les latrines ; la lucarne calfeutrée
ne s'ouvre pas de tout l'hiver. Dites qu'il faut de l'air, ils ré-
pondront qu'ils ont froid, ils n'ont ni bois, ni vêtements ; dites-
leur de se bien nourrir, ils n'ont pas toujours du pain. Leur
chambre dépouillée n'a souvent pour tous meubles qu'un gra-
bat où sont entassés père, mère et enfants, malades, non malades, mourants et morts quelquefois.

Il se peut qu'il y ait, comme on dit sèchement, de leur
faute ; plusieurs auraient dû être prévoyants, économes dans
les temps prospères ; le désordre, l'intempérance, entrent pour
beaucoup dans leur malheur. Mais vous qui avez l'ample nécessaire, vous qui ne vous refusez aucun plaisir, quelle vertu
attendez-vous donc du peuple ? Depuis bientôt cinquante ans
on ne lui parle que de ses droits ; le pauvre est citoyen comme
e riche, tous sont égaux devant la loi ; on a proclamé le peuple
souverain, et vous voudriez que toujours content de ses pri-

(1) M. B. Dulary, député de Seine-et-Oise, et médecin qui n'a
quitté Paris que quand le choléra n'y était plus pour aller à Étam-
pes où le choléra s'abattait.

vations, il vît d'un œil philosophique tous les plaisirs des riches, qu'il n'aimât pas aussi les plaisirs à sa portée, qu'il ne s'oubliât jamais, qu'il eût toujours prudence, raison, tempérance ? Il fallait être conséquent. Si on ne voulait, si on ne pouvait pas améliorer son sort, il fallait le laisser dans son ignorance et son apathie avec les consolations religieuses qui lui manquent maintenant : les droits politiques sont de vains mots pour le peuple ouvrier. Et les femmes, qui, même dans le bon temps, gagnent si peu, comment voulez-vous qu'elles aient des épargnes ?

J'ai vu des femmes expirant sur une paillasse, sans draps, sans couverture, entourées d'enfants faméliques ; oui, J'AI VU des enfants sucer avidement les mamelles vides et flétries de mères moribondes ; déjà glacées, elles s'efforçaient de les réchauffer, seules, sans aide, sans secours pour elles-mêmes.

Les soins incomplets, à contre-sens, dictés par de stupides préjugés, tels que les pauvres les donnent et les reçoivent, mais qui du moins sont un ralliement sympathique, une consolation, tous ne les ont pas eus : dans ce chaos de la population, l'isolement est tel, que *quelques-uns sont morts sans qu'on ait su leur maladie, révélée enfin par la puanteur des cadavres pourris* (1).

Puisse mon récit exciter votre pitié ; il n'est point exagéré. Ah ! si vous aviez vu !

Mais ces misères, elles vous atteignent : les miasmes exhalés des habitations du pauvre se répandent dans toute la ville, et vous les respirez incessamment mêlés à ceux des ruisseaux et des cloaques de toutes sortes. Paris, même dans ses quartiers les plus brillans, est bien sale et bien infect ; si l'administration a fait élargir quelques rues, déblayer quelques places, les spéculateurs, par compensation, ont détruit les jardins qui épuraient un peu l'air, ont entassé étage sur étage et rétréci vos appartements ; les chances de la bourse et du commerce, les catastrophes de l'industrie ont troublé votre sommeil ; les révolutions, les émeutes ont porté l'effroi dans vos cœurs, et les maladies ont eu un libre accès. Bien qu'il vous ait moins accablé que les pauvres, le choléra ne

---

(1) Deux faits semblables ont eu lieu dans le faubourg Saint-Antoine pendant le peu de jours que j'ai passés à l'ambulance de la Bastille.

vous a point épargnés, et lorsqu'il a frappé, le médecin n'a pas *toujours* été là pour vous secourir à temps : j'ai vu votre impatience, votre anxiété ; j'ai vu au milieu d'une fausse abondance les soins domestiques bien mal donnés, par défaut d'habitude, d'intelligence, de patience, quelquefois de volonté. Quand l'épidémie foudroyait ses victimes, il était facile, sans se compromettre, de hâter une mort désirée, et d'horribles soupçons ont été permis...... Riches qui aimez la vie, J'AI VU mourir quelques uns d'entre vous faute de secours, de soins, qui, dans le système harmonien de Fourier, ne manqueront pas aux plus pauvres.

Voilà le choléra, voilà la solidarité du mal dans Paris, voilà Paris sous son atmosphère de peste, Paris sous son manteau de mort.

Londres aussi a été comme Paris ; et Saint-Pétersbourg ; et toutes les grandes capitales ; et toutes les habitations putrides des hommes, villes et villages, mais surtout les grandes villes.... Et Madrid est maintenant comme a été Paris, comme a été Saint-Pétersbourg , comme ont été les grandes villes. C'est le tour de Madrid, maintenant, Madrid, *princesse des Espagnes !*

Est-ce Dieu qui a fait le choléra, engendré dans ces marais fangeux, auxquels, en gérant inepte, en roi fainéant, l'homme laisse envahir, comme par un grand chancre, les plus belles régions de son domaine ? ce choléra, parti de l'Inde pour faire le tour du monde et écrire sur le globe, en lettres de mille lieues, tracées à travers les populations humaines avec des cadavres, le mot SOLIDARITÉ : solidarité des nations, solidarité des continens, solidarité des races humaines... solidarité !

Est-ce Dieu qui a fait le choléra, ou les hommes ?

Est-ce Dieu qui a fait Paris , Londres , Saint-Pétersbourg , Madrid ?... Est-ce Dieu, ou les hommes ?

Non : la misère permanente, et la peste périodique, et l'empoisonnement des atmosphères, c'est l'ouvrage des hommes : car Dieu n'a pas fait ces choses. Dieu a fait le

3.

nuage d'or au ciel, le serpolet des pelouses et l'oiseau dans les bois ; il a fait la fleur des champs, et le lis des vallées, plus somptueusement vêtu par la main de Dieu que Salomon dans toute sa gloire.

§ III.

Saint-Brieuc est une vieille cité replâtrée, qui a fait nouvelle peau. Dès l'entrée on respire la préfecture, on se trouve nez à nez avec la civilisation symbolisée par une prison et une caserne neuve.
ÉMILE SOUVESTRE.

Vous avez vu les capitales, vous avez vu Paris, Paris surtout, car c'est la capitale des capitales, le cœur de la Civilisation, son centre d'activité, de puissance et de gloire.

Voilà comment la Civilisation loge l'homme dans sa capitale, dans son centre d'activité, de puissance et de gloire. Allez dans les campagnes, et là aussi vous verrez ce qu'a su faire la Civilisation. Et je n'appelle pas campagne ces maisons fraîches et coquettes jetées autour de Paris, comme des touffes de fleurs sur un tas de fumier : il faut voir la Champagne et la Picardie, la Bresse et le Nivernais, la Sologne, le Limousin, la Bretagne, etc. : et les voir de près. Là il y a des chambres qui sont la cuisine, la salle à manger, la chambre à coucher, pour tout le monde, père, mère et petits... Elles sont encore cave et grenier ; écurie et basse-cour quelquefois. Le jour y arrive par des ouvertures basses et étroites ; l'air passe sous les portes et les châssis déboîtés ; il siffle à travers des vitraux noircis et cassés, quand il y a eu des vitraux, encore... car il y a des provinces entières où l'usage du verre est aujourd'hui à-peu-près inconnu. C'est une lampe grasse et fumeuse qui éclaire, dans l'occasion ; d'habitude, c'est le feu. Puis le plancher... ah bien oui, le plancher ! — Le plancher ? c'est de la terre inégale et humide. Il y a çà et là des mares... Vous marchez dedans... Les enfants en bas-âge s'y traînent. Les canards viennent y chercher pâture !...

Oh ! comme aussi la maladie travaille bien dans tous ces lieux ! Comme elle y tue les hommes, ou les estropie, ou les couvre de honteuses infirmités ! Comme les rhumatismes, la gale, les scrofules, et toutes les infamies pathologiques de la Civilisation perfectible, s'y étendent et s'y complaisent ! Comme le mal y sème le mal en bonne terre ! Comme la peste et le choléra, quand ils viennent, y trouvent à faucher à l'aise !

Voilà pour l'intérieur ; l'extérieur, vous le connaissez :

C'est, plein la rue, de la boue, du fumier, de l'eau noire et croupissante. Quand vous êtes sur une route, et que vous la voyez devenir sale, vous comprenez que vous approchez d'un village : et quand vous êtes au milieu de ces groupes de masures, au milieu des *habitations*, c'est là que vous trouvez la voie affreuse, dégoûtante, impraticable.

Puis, pour toutes ces vilaines chaumières qui ont charmé nos poètes et nos moralistes, vous voyez quelquefois une maison, une seule, s'élever élégante et fraîche. C'est la maison de campagne de quelque marchand enrichi, ou de quelque ci-devant seigneur qui regrette le château de ses ancêtres, la couronne de comte que son fier donjon portait en tête, et les doubles fossés dont les manans corvéables venaient battre l'eau la nuit, dans ce bon temps, pour que le coassement des grenouilles ne troublât pas le sommeil de la noble châtelaine. — Une maison pour cent misérables cabanes !

Voilà la ville, voilà le village.

Oh ! comme notre société d'incohérence se peint bien là dans ses œuvres !

Dans nos villes, des masures délabrées, noires, hideuses, méphitiques, se serrent, se groupent, s'accroupissent autour des palais, au pied des cathédrales. Elles se traînent autour des monuments que la Civilisation a se-

més çà et là, comme on voit dans un jardin mal tenu des
limaçons à la bave impure ramper sur la tige d'un lilas
en fleurs. — L'accouplement du luxe et de la misère : c'est
le complément du tableau.

La Civilisation a de rares palais, et des myriades de
taudis, comme elle a des haillons pour les masses, et des
habits d'or et de soie pour ses favoris peu nombreux. A
côté de la livrée brodée d'un agioteur, elle étale la bure
de ses prolétaires et les plaies de ses pauvres. Si elle
élève et entretient à grands frais un somptueux opéra où
de ravissantes harmonies caressent les oreilles de ses oisifs, elle fait entendre, au milieu des rues et des places publiques, les chants de misère de ses aveugles, les lamentables complaintes de ses mendiants. Puis, ici et là, elle
ne sait créer qu'égoïsme et immoralité, car la misère et
l'opulence ont toutes deux leur immoralité et leur
égoïsme.

Oh non, non ! dans nos villages, dans nos villes, dans
nos grandes capitales, l'homme n'est pas logé : — car
j'appelle homme aussi bien le chiffonnier qui butine la
nuit, sa lanterne à la main, et cherche sa vie dans le tas
d'ordures qu'il remue avec un crochet ; aussi bien lui et
ses nombreux frères en misère, que les hommes de la
bourse et des châteaux. — Et j'appelle logement de
l'homme une habitation saine, commode, propre, élégante et en tous points confortable.

Et pourquoi l'homme n'est-il pas logé ? — C'est toujours la même réponse à cette demande et aux autres :
Pourquoi a-t-il faim ? Pourquoi a-t-il froid ? Pourquoi est-
il dépourvu d'éducation, et en toutes choses misérable
et dénué ? — Toujours il faut répondre : Il y a des pierres dans les carrières, du bois dans les forêts, du fer au
sein de la terre ; le sol ne refuse pas de produire quand
on y sème ; les arts, les sciences, l'intelligence et la force
sont là : ce n'est pas la puissance qui manque ; il y a du
travail à faire, et des hommes qui manquent de travail.
Il faut augmenter l'effet utile du travail par la coordina ·

tion des travaux ; il faut augmenter la quantité de travail en créant l'attraction industrielle ; il faut organiser ! il faut réaliser l'Association, il faut passer de l'Incohérence à l'Harmonie ! — Voilà à quoi il faut songer ; et l'on ne s'occupe qu'à des luttes administratives, à des guerres de partis, à des querelles de déplacement… Qu'ont de commun toutes ces mauvaises chimères, avec la découverte et l'essai de l'organisation sociétaire de la Commune ?

Vous avez vu que la demeure de l'homme se transforme avec la nature des sociétés : il y aurait sur ce sujet de curieuses études à entreprendre, surtout si l'on faisait porter les investigations sur l'Art en général ; car l'Art, ainsi que nous avons commencé déjà à l'établir, a reflété avec une merveilleuse exactitude les caractères particuliers, les mouvements successifs, les phénomènes variés et multiples qui se sont manifestés aux diverses phases de la vie des peuples. Toutes les conceptions qui ont apparu au sein de l'humanité, toutes les idées qui sont venues au jour, toutes les croyances qui ont passé sur cette terre, ont eu puissance, comme la lyre symbolique d'Orphée, de remuer les rochers et les forêts : elles ont revêtu des formes monumentales, elles se sont incrustées au fronton des temples, aux marbres des sanctuaires et des théâtres ; elles se sont coulées en fer, en bronze, en métaux précieux ; elles ont animé des bas-reliefs et des statues ; elles ont harmonié des couleurs sur les toiles des tableaux ou sur les parois des édifices ; elles ont changé et ployé de mille manières la forme de l'habitation de l'homme ; elles sont allées s'empreindre dans ses armes, dans ses ustensiles, et jusque dans ses draperies et ses vêtements : car toutes les nations et toutes les époques ont leurs combinaisons plastiques particulières, distinctes les unes des autres, dépendantes des mœurs, des habitudes, de la vie intellectuelle, corrélatives à leur socialité propre.

Cette corrélation est si intime qu'il est hors de doute que l'on ne puisse reconstituer l'histoire sociale d'une

époque dont toutes les traditions seraient éteintes, dont
tous les textes auraient péri, si l'on possédait d'assez
nombreux vestiges de ses monuments, de son architecture
publique et privée, de sa peinture, en un mot des formes
générales sous lesquelles l'Art s'y manifestait. On ferait
pour un peuple, avec de pareilles données, ce que Cuvier a su faire, au moyen des débris de leurs squelettes,
pour ces espèces animales disparues de la surface du
globe, dont il a décrit avec exactitude les instincts,
les mœurs et les habitudes. Tout est lié dans le monde
social comme dans la nature; et si partout la matière se
plie au joug de l'esprit, si partout la forme réfléchit
la pensée, toujours aussi la pensée tend à passer en
acte, à se matérialiser, à se produire extérieurement
dans des formes. Faite à ce point de vue de corrélation,
une histoire intégrale de l'Art serait un admirable monument archéologique où habiterait tout le passé, et qui
ferait revivre à nos yeux les générations éteintes, les
siècles écoulés. Ce serait un immense panorama du développement de l'humanité sur le globe et de ses grandes
révolutions sociales.

On pousserait l'appréciation des rapports corrélatifs
jusqu'à des détails singulièrement minutieux, jusqu'à
des approximations par centièmes et par millièmes, si
l'on veut me passer l'expression. Ne trouve-t-on pas son
sens corrélatif, à la salle à manger, à la cuisine, au salon, à la chambre à coucher du Civilisé, comme à la
hutte du Sauvage et à la tente de l'Arabe, comme à la
cabane de nos paysans, comme au taudis de nos prolétaires qui sont encore des Barbares dans notre Civilisation greffée sur Barbarie?

La caserne et la prison, le café et le théâtre, la taverne
et le cabaret n'ont-ils pas chacun leur expression particulière? Chaque construction même n'a-t-elle pas un
âge, ne porte-t-elle pas sur le front son extrait de naissance? — Les variations de l'architecture militaire, à
commencer par la palissade de troncs d'arbres, jusqu'au

front bastionné de Vauban et de Cormontaigne, doublé de demi-lune et de contre-gardes, aux fossés profonds, aux remparts à ras de terre, vous disent fidèlement tous les perfectionnements et toutes les mutations apportées dans l'art de la guerre par les inventions successives. Des combinaisons du front bastionné, on déduirait l'état de la physique, de la chimie, de la géométrie, de toutes les sciences en un mot, dans la société capable de les avoir construites.

Enfin, dans notre siècle d'industrialisme et de mercantilisme, n'avons-nous pas à foison des constructions à caractère industriel et mercantile? L'aspect carré, lourd, nu et régulier de ces manufactures où nos populations ouvrières, transformées en machines humaines, condensent en argent, pour des maîtres, leurs sueurs, leurs plaintes, leurs larmes et leurs peines, n'est-il pas clairement révélateur? Nos rues à base de glorieuses boutiques, les unes misérables, les autres étincelantes et dorées, sont-elles menteuses et ne font-elles pas, chapitre par chapitre, toute la théorie du Commerce anarchique et mensonger? Et les maisons à *loger* construites par les spéculateurs dans les grandes villes, n'indiquent-elles pas sous leurs étages écrasés, sous leurs fenêtres étroites et comprimées, que les familles peu aisées sont là mises à ration d'air et de lumière, dans ce grand casier où se serrent vingt pauvres ménages étriqués, où l'on escompte la santé des hommes, leur vie et leurs poumons?

Que si l'on voulait pousser ces considérations plus loin et descendre jusque dans la vie individuelle, on remarquerait que l'atelier d'un artiste, le cabinet d'un écrivain, d'un homme de loi, d'un homme de bourse, etc., ont leurs ordonnances particulières et spéciales qui caractérisent ces diverses professions. Enfin, tous les jours ne nous arrive-t-il pas de tirer, de l'aspect d'un appartement, des conclusions approximatives sur le caractère personnel de celui qui l'habite, de faire la description détaillée et minutieuse du genre d'habillement d'un homme, pour peindre son caractère ?

Mais, sans nous attacher plus long-temps au développement de cette idée, que toute forme de la matière correspond à une pensée, soit dans les œuvres de l'homme, soit dans les œuvres de Dieu, nous arrêtons ici en thèse générale et comme chose prouvée, savoir :

Que l'homme, en passant de la vie sauvage et nomade à la période barbare qui le fixe au sol, quitte la hutte et la tente pour entrer dans la cabane dominée par la massive demeure du despote militaire, laquelle est commandée bientôt elle-même par la grande construction religieuse et théocratique ;

Que la Civilisation, venant ensuite, cherche à régulariser à l'extérieur et aligne lentement et péniblement les agglomérations *en mode confus* ou *barbare,* qui sont encore l'état de presque tous nos villages et de la majeure partie des quartiers de nos grandes cités.

Le Garantisme, qui viendrait après, ne s'en tiendrait pas comme la Civilisation à ce système de garanties architecturales en *mode simple* et purement extérieur. Il élèverait les garanties au *mode composé,* spéculant sur la commodité, la salubrité et l'agrément intérieurs et extérieurs des habitations humaines.

Je ne parlerai pas ici de l'architectonique garantiste non plus que de celle de la septième période. — Les lecteurs qui seraient curieux d'en connaître les éléments principaux, trouveront un plan détaillé d'une ville garantiste à l'*Extroduction* du premier volume du *Traité de l'Unité universelle.* C'est une curieuse étude.

Il y aurait sur ces sujets de bien beaux travaux à faire. Pour moi je n'ai eu ici d'autre but que de prouver en principe, et de faire comprendre qu'il n'y a pas à reculer devant cette conclusion logique :

Que l'Évolution sociale qui conduira l'humanité en
PÉRIODES HARMONIQUES, *nous apportera des* PALAIS
là où la CIVILISATION *n'a su bâtir que des* MAISONS
DE BOUE ET DE CRACHAT.

La Civilisation se peint dans ses fourmilières, où s'é-
lèvent çà et là quelques monuments pêle-mêle avec des
taudis ; elle se peint dans ses villes et dans ses villages,
où l'on trouve tous les genres, toutes les espèces, toutes
les variétés de laideur et de saleté. — Vienne l'Association ! vienne l'Harmonie ! et l'Harmonie se mirera dans
ses resplendissants Phalanstères !

Ne voyez-vous pas que, déjà, toutes les fois qu'il y a
eu dans le monde une concentration de volontés, qu'elle
ait été obtenue par amour, par crainte ou par terreur,
cette concentration de volontés s'est toujours traduite
par un Monument proportionnel à sa puissance? La féodalité donnait le château-fort ; la royauté, la pyramide
d'Égypte et le palais ; la religion, le temple antique et
la cathédrale. Aujourd'hui qu'il n'y a plus de Pouvoir,
ni de volontés unies et concentrées, il ne se fait plus que
des maisons ; oh ! pardon, j'oubliais... on bâtit aujour-
d'hui des prisons très-solides, très-épaisses, très-vastes,
très-bien verrouillées et cadenassées. Le plus bel édifice
de Londres moderne est une prison (1) ! !

Quoi qu'il en soit, on ne peut s'empêcher de reconnaître que l'œuvre individuelle est nécessairement petite,
mesquine, étroite, et que, seule, l'union des volontés, la
concentration des forces peut donner des résultats gran-
dioses. Cette vérité est écrite partout. Vous la retrouvez
dans l'Hôtel-de-Ville qui se distingue entre les maisons,
parce que c'est le principe de la Commune qui l'a élevé ;
dans le Théâtre, qui correspond à un amour de la population pour un plaisir commun , de même que l'Église est

_____

(1) La *nouvelle Force* , dont on achève la construction dans le
huitième arrondissement de Paris, aura coûté CINQ MILLIONS...
pour loger cellulairement douze cents accusés! (*Note de la 2e Édit.*

l'expression d'une pensée religieuse collective. La Communauté monastique a hérissé de Couvents les terres chrétiennes ; l'Université a bâti des Collèges ; le Gouvernement, des Palais de justice, des Ministères, des Préfectures, des Arsenaux, des Prisons ; il a élevé autour de mille Places de guerre d'épaisses et hautes ceintures de pierre, bastionnées et redoublées.

Vous voyez bien que la Civilisation, toute pauvre de moyens qu'elle est, élargit pourtant et régularise son architecture toutes les fois qu'elle a engendré une organisation quelconque.

Quand les molécules sont éparses dans un milieu troublé, elles se déposent çà et là et se précipitent en poussière. Quand elles peuvent s'approcher et se joindre dans un milieu favorable à l'affinité, elles se juxta-posent et se combinent naturellement en brillants cristaux. — Ainsi, quand les individualités, éparses aujourd'hui, se réuniront sous le principe tout puissant de l'Association, et se grouperont librement par leurs pôles sympathiques, quand les communes deviendront Phalanges, les maisons et les cabanes deviendront Phalanstères !

Le Phalanstère.

Et après cela je vis un ciel nouveau et une terre nouvelle ; car le premier ciel et la première terre avaient
disparu...
Et moi, Jean, je vis descendre du ciel la ville sainte, la
nouvelle Jérusalem qui venait de Dieu, étant parée
comme une épouse qui s'est revêtue de ses riches ornements pour paraître devant son époux.
A, oc. xxi, 1, 2.

Philosophe ! tu vas dire que je rêve.... Tu rêves bien
toi même depuis plus de mille ans. Fais donc un
rêve aussi beau que le mien !
Scévola Husson,

§ I.

Pas d'Association possible sans une nouvelle Architecture ; autrement il faut nier l'influence du milieu extérieur.
Jules Lechevalier.

Rappelons-nous que, sous l'influence du principe
d'Association, les propriétés individuelles et morcelées
du canton se sont converties en Actions hypothéquées
sur l'ensemble de ses richesses. Haies, barrières, démar-
cations, fossés croupissants, murs de clôture aimable-
ment couronnés de tessons de bouteilles, toutes les in-
cohérences, toutes les laideurs, toutes les infamies
défensives du Morcellement, qui coupent, hachent, gâ-
chent et bariolent misérablement le terrain ont disparu ;
les cultures sont distribuées avec une élégante et sage
variété dans le grand domaine unitaire.

Le Phalanstère s'élève au centre des cultures.

La Phalange n'a que faire de quatre cents cuisines,
quatre cents étables, quatre cents caves, quatre cents
greniers ; elle n'a que faire de cette multiplicité de ma-

gasins, de boutiques et de mesquines constructions dis-
loquées et boiteuses que la complication actuelle prodigue et entretient à grands frais. — Quelques grands et
beaux ateliers, quelques vastes locaux, un bazar, lui
suffisent pour préparer les aliments plus ou moins re-
cherchés de ses différentes classes de pensionnaires,
pour confectionner les travaux du grand ménage, pour
emmagasiner les récoltes et les produits du canton,
pour étaler, enfin, ses marchandises de vente extérieure
ou de consommation.

Les relations sociétaires imposent donc à l'architecture des conditions tout autres que celles de la vie civilisée. Ce n'est plus à bâtir le taudis du prolétaire, la
maison du bourgeois, l'hôtel de l'agioteur ou du mar-
quis. C'est le Palais où l'homme doit loger. Il faut le
construire avec art, ensemble et prévoyance ; il faut qu'il
renferme des appartements somptueux et des chambres
modestes, pour que chacun puisse s'y caser suivant ses
goûts et sa fortune ; — puis il y faut distribuer des ateliers pour tous les travaux, des salles pour toutes les
fonctions d'industrie ou de plaisir.

Et d'abord jetons un coup d'œil à vol d'oiseau sur
l'ensemble des dispositions architecturales résultant des
grandes conditions du programme sociétaire ; nous voici
planant sur une campagne phalanstérienne ; regardons :

Ah ! ce n'est plus la confusion de toutes choses ; l'o-
dieux pêle-mêle de la ville et de la bourgade civilisée ;
l'incohérent agglomérat de tous les éléments de la vie
civile, de la vie agricole, de la vie industrielle; la juxta-
position monstrueuse et désordonnée des habitacles de
l'homme et des animaux, des fabriques, des écuries,
des étables; la promiscuité des choses, des gens, des
bêtes et des constructions de toutes espèces... Le Verbe
de la Création a retenti sur le Chaos ; et l'Ordre s'est fait.

Les éléments confondus dans le Chaos se sont séparés et rassemblés par genres et par espèces au comman-

dement de la Parole. Avec la Séparation, la Distinction et l'Ordre, ont surgi la vie, l'économie et la beauté, toutes les harmonies de la vie, toutes ses magnificences.

Contemplons le panorama qui se développe sous nos yeux. Un splendide palais s'élève du sein des jardins, des parterres et des pelouses ombragées, comme une île marmorienne baignant dans un océan de verdure. C'est le séjour royal d'une population régénérée.

Devant le Palais s'étend un vaste carrousel. C'est la cour d'honneur, le champ de rassemblement des légions industrielles, le point de départ et d'arrivée des cohortes actives, la place des parades, des grandes hymnes collectives, des revues et des manœuvres.

La route magistrale qui sillonne au loin la campagne de ses quadruples rangées d'arbres somptueux, bordée de massifs d'arbustes et de fleurs, arrive, en longeant les deux ailes avancées du Phalanstère, sur la cour d'honneur, qu'elle sépare des bâtiments industriels et des constructions rurales, développées du côté des grandes cultures.

D'un côté, le palais de la population; au centre le chef-lieu du mouvement, la grande place des manœuvres; de l'autre côté la ville industrielle, les abris des récoltes, les toits protecteurs des machines et des animaux, qui secondent l'homme dans la conquête de la terre.

Au premier rang de la ville industrielle, une ligne de fabriques, de grands ateliers, de magasins, de greniers de réserve, dresse ses murs en face du Phalanstère. Les moteurs et les grandes machines y déploient leurs forces, broient, assouplissent ou transforment les matières premières sous leurs organes métalliques, et exécutent pour le compte de la Phalange mille opérations merveilleuses. C'est l'arsenal des créations actives et vivantes de l'intelligence humaine, l'arche où sont rassemblées les *espèces* industrielles ajoutées par la puissance créatrice de l'homme aux espèces végétales et aux espèces animales, ces machines de l'invention du premier Créateur. Là, tous les éléments domptés, tous les fluides gouvernés, toutes les forces mystérieuses asservies, toutes les puissances de la nature vaincues, tous les dieux de l'ancien Olympe soumis à la volonté du Dieu de la terre, obéissent à sa voix, serviteurs dociles et proclament son règne.

La ligne des grandes constructions industrielles s'ouvre au centre pour dégager la vue et laisse, du Phalanstère, les regards plonger dans l'établissement agricole, et s'échapper, par dessus ses toits abaissés, aux verdoyantes perspectives de la campagne et des horizons lointains. Au milieu du large éventail qu'ouvre aux regards cette trouée monumentale, l'œil s'arrête d'abord sur une immense basse-cour, charmant assemblage de pièces d'eau, de ruisseaux courant sur le gravier, de treillis courant sur les gazons, de pavillons coquets, de parcs ombragés, de volières à vastes compartimens groupées sur la tour élancée du colombier, qui s'élève comme un fastueux obélisque au point de centre des constructions agricoles. Les toits rustiques de la laiterie, de la glacière, de la fromagerie se dégagent à droite et à gauche des massifs épars dont les touffes les protègent. Tout autour l'œil aperçoit les parcs aux charrues, aux herses luisantes, les hangars aux chariots vernissés, les remises des équipages champêtres, peints aux couleurs variées et contrastées des séries et des groupes : le regard découvre toute cette artillerie de l'agriculture, plus brillante que les arsenaux montrés avec tant d'orgueil par les fonderies militaires de l'Angleterre et de la France.

Les parcs, les hangars, les remises, les ateliers de ferronnerie et de charronnage, les cours de service sont, à leur tour, encadrés dans les étables et les écuries royales où logent, par escadrons, classées et divisées d'après leurs espèces, leurs titres de valeur et de sang, les races chevalines et bovines qu'entretient la Phalange.

L'air et l'eau, savamment ménagés et conduits à l'intérieur et à l'extérieur, circulent dans ces masses de constructions, coupées d'arbres, de communications combinées et de cours de service. La lumière les baigne et les pénètre, et avec l'eau, l'air, la lumière et les soins orgueilleux et jaloux des légions ardentes à qui l'entretien en est dévolu, la propreté, la salubrité, la vie dans tout son épanouissement et son luxe. Autour des constructions rurales et s'engageant dans la campagne, comme des forts avancés, les bergeries et les parcs aux meules de graminées et de fourrages.

Voilà l'ensemble !

Le Phalanstère ; la Ville industrielle ; l'Établissement agricole.

Dans le Phalanstère l'homme règne sur le monde. Dans la Ville industrielle, il commande aux forces élémentaires de la nature Dans l'Établissement agricole il gouverne la création vivante.

L'Homme a conquis son sceptre et sa couronne : il règne, il commande, il gouverne.

Au loin, des sous-centres d'exploitation, des castels, dans les grandes divisions du territoire de la Phalange ; — des ronds-points, des kiosques et des belvédères semés aux bords des rivières ou des lacs, dans les vergers, dans les prairies, dans les bois et dans les cultures, servant de rendez-vous ou d'abri aux essaims de travailleurs ; — des ports, des docks, des embarcadères et de larges ponts sur les fleuves.—Plus loin encore, les ports, les docks, les kiosques, les castels et les Phalansteres des Phalanges avoisinantes.

Voilà les campagnes phalanstériennes, voilà les villages de l'Harmonie.

Nous ne parlons pas encore de ses villes et de ses capitales.

Étudions de plus près maintenant les dispositions gé-

nérales du palais d'habitation, du Phalanstère proprement dit.

Un croquis était nécessaire pour faire comprendre les
dispositions générales d'un Phalanstère. J'ai d'abord
dessiné un plan ; mais, comme chacun ne lit pas aisé-
ment un plan, j'ai voulu faciliter l'intelligence d'un édifice sociétaire, au moyen d'une perspective (1).

La forme générale de mon dessin est celle qui dérive
du plan de Fourier. Elle remplit parfaitement toutes les
convenances sociétaires, tous les avantages de commodité, salubrité et sûreté. Il est inutile de dire que cette
forme n'a rien d'absolu. Les configurations du terrain et mille exigences diverses la développent et la
modifient. Les façades, le style et les détails offrent, dans
chaque Phalanstère, des variétés infinies. En un mot, il
ne faut voir ici qu'une forme assurant le service général
et remplissant les grandes convenances, un type de Phalanstère, comme la croix est un type de cathédrale,
comme le front bastionné est un type de fortification ;
type flexible et souple aux accidents du terrain, aux
convenances des lieux et des climats, et qui n'arrêtera
pas lourdement le vol des artistes de l'avenir.

Étudions sur les dessins les principales convenances
imposées aux constructions sociétaires, et dont Fourier,
dans cet admirable plan qui dépasse de cent coudées
toutes les conceptions architecturales imaginées jusqu'à
lui, a su remplir toutes les conditions. — Vous avez pu
reconnaître que Fourier est un analyste prodigieux, un
logicien implacable, un calculateur sévère; vous allez juger s'il est un piètre architecte. Et ce ne sera pas tout, je
vous en préviens : plus tard vous en verrez bien d'autres.

Nous avons devant nous, en regardant le Phalanstère,
le corps central, au milieu duquel s'élève la Tour d'ordre; les deux ailes qui, tombant perpendiculairement sur
le centre, forment la grande cour d'honneur, où s'exécu-

_____

(1) Voyez le Plan, Idée d'un Phalanstère, etc.

tentles parades et manœuvres industrielles. Puis les deux ailerons, revenant en bords de fer-à-cheval, dessinent la grande route qui borde la cour d'honneur et s'étend, le long du front de bandière du Phalanstère, entre cet édifice et les bâtiments industriels et ruraux postés en avant.

Les corps de bâtiments sont redoublés : le Phalanstère se replie sur lui-même, pour éviter une trop grande étendue de front, un éloignement trop considérable des ailes et du centre, pour favoriser, enfin, l'activité des relations en les concentrant.

Les ateliers bruyants, les écoles criardes sont rejetés dans une cour d'extrémité, au bout d'un des ailerons ; le bruit s'absorbe dans cette cour de tapage. L'on évite ainsi ces insupportables fracas de toute nature répandus au hasard dans tous les quartiers des villes civilisées, où l'enclume du forgeron, le marteau du ferblantier, le flageolet, la clarinette, le cor de chasse conspirent contre les oreilles publiques avec les grincements du violon, le tintamarre des voitures, et tous ces charivaris discordants, cassants, déchirants ou assourdissants qui font, de presque tous les appartements des grandes villes, de véritables enfers, enfin, et pardessus tout, avec le féroce, l'inévitable, l'indomptable piano !

A l'aileron de l'autre extrémité, se trouve le caravanserail ou hôtellerie affectée aux étrangers. Cette disposition a pour but d'éviter les encombrements dans le centre d'activité.

Les grandes salles de relations générales pour la Régence, la bourse, les réceptions, les banquets, les bals, les concerts, etc., sont situées au centre du palais, aux environs de la Tour d'Ordre. Les ateliers, les appartements de dimensions et de prix variés, se répartissent dans tout le développement des bâtiments. — Les ateliers se trouvent en général au rez-de-chaussée, comme il convient évidemment. Plusieurs pourtant, tels que ceux de couture, de broderie et autres de genre délicat, peuvent monter au premier étage.

4

Il est sensible que le centre du palais en sera la partie la plus somptueuse : aussi les appartements chers, très-richement ornés et princièrement établis, bordent-ils le grand jardin d'hiver, fermé, derrière la Tour d'ordre, par les replis carrés du corps redoublant. Les appartements plus modestes s'échelonnent dans les ailes et les ailerons.

Toutefois, l'Harmonie, sans viser à une égalité contraire à tout ordre naturel et social, opère toujours la fusion des classes et le mélange des inégalités. Pour cela faire on réserve, dans cette distribution générale, un *engrenage* qui empêche et prévient jusqu'au moindre germe de déconsidération d'un quartier : on introduit, dans le centre et aux alentours, des logements de prix modique, on en reporte de plus chers sur les extrémités. — D'ailleurs, les variétés de goûts, d'humeurs et de caractères dispersent encore les différentes classes de fortune dans tous les corps de bâtiments du Phalanstère, et l'on n'y voit pas un faubourg Saint-Marceau à côté d'un faubourg Saint-Germain.

Les grands espaces laissés entre les bâtiments forment des cours plantées, rafraîchies par des bassins et affectées à différents services. Elles sont ornées de plates-bandes et de parterres intérieurs. Les statues y foisonnent et s'y détachent en blanc de marbre sur les massifs de verdure.

Dans le grand carré central s'étale le jardin d'hiver, planté d'arbres verts et résineux, afin qu'en toute saison on s'y puisse récréer les yeux. Tout à l'entour circulent un ou deux étages des serres précieuses, dont on peut combiner l'arrangement avec celui des grandes galeries et des salles de bain. — C'est le jardin le plus riche, le plus luxueux de tous les jardins de la Phalange; il forme une promenade élégante, abritée et chaude, où les vieillards et les convalescens se plaisent à respirer l'air et le soleil. (Je n'ai pas figuré, dans la perspective géométrique, les arbres des cours et des jardins, afin de ne pas nuire à l'intelligence de la disposition architecturale.)

Toutes les pièces de la construction harmonienne, appartements et ateliers, et tous les corps de bâtiments,
sont reliés entre eux par une RUE-GALERIE qui les embrasse, circule autour de l'édifice et l'enveloppe tout entier. Cette *circum-galerie* est double : au rez-de-chaussée elle est formée par des arcades qui s'étendent paral-
lèlement au bâtiment, comme au Palais Royal ; sur ces
arcades, au-dessus du plafond de la galerie inférieure
s'élève celle du premier étage. Cette dernière monte
jusqu'au sommet de l'édifice, et prend jour par de hautes
et longues fenêtres, auquel cas les appartements des
étages supérieurs s'ouvrent sur elle ; ou bien elle s'arrête et forme terrasse pour l'étage supérieur.

Inutile de dire que ces galeries sont vitrées, ven-
tilées et rafraîchies en été, chauffées en hiver, toujours
abondamment pourvues d'air et agréablement tempérées.

La rue-galerie est certainement l'un des organes
les plus caractéristiques de l'architecture sociétaire. La
rue-galerie d'un Phalanstère de haute Harmonie est au
moins aussi large et aussi somptueuse que la galerie du
Louvre. Elle sert pour les grands repas et les réunions
extraordinaires. Parées de fleurs comme les plus belles
serres, décorées des plus riches produits des arts et de
l'industrie, les galeries et les salons des Phalanstères
ouvrent aux artistes d'Harmonie d'admirables expositions
permanentes. Il est probable que souvent elles seront
construites entièrement en verre.

Il faut se figurer cette élégante galerie courant tout autour des corps de bâtiment, des jardins intérieurs et des
cours du Phalanstère ; tantôt en dehors, tantôt en dedans du palais : tantôt s'élargissant pour former une
large rotonde, un atrium inondé de jour ; projetant, au
travers des cours, ses couloirs sur colonnes, ou de légers
ponts suspendus, pour réunir deux faces parallèles de
l'édifice ; s'embranchant enfin aux grands escaliers blancs
et s'ouvrant partout des communications larges et somp-
tueuses.

Cette galerie qui se ploie aux flancs de l'édifice sociétaire et lui fait comme une longue ceinture ; qui relie toutes les parties du tout ; qui établit les rapports du centre aux extrémités, c'est le canal par où circule la vie dans le grand corps phalanstérien, c'est l'artère magistrale qui, du cœur, porte le sang dans toutes les veines ; c'est, en même temps, le symbole et l'expression architecturale du haut ralliement social et de l'harmonie passionnelle de la Phalange, dans cette grande construction unitaire dont chaque pièce a un sens spécial, dont chaque détail exprime une pensée particulière, répond à une convenance et se coordonne à l'ensemble ; — et dont l'ensemble reproduit, complète, visible et corporisée, la loi suprême de l'Association, la pensée intégrale d'harmonie.

Quand on aurait habité un Phalanstère, où une population de deux mille personnes peut se livrer à toutes ses relations civiles ou industrielles, aller à ses fonctions, voir son monde, circuler des ateliers aux appartements, des appartements aux salles de bal et de spectacle, vaquer à ses affaires et à ses plaisirs, à l'abri de toute intempérie, de toute injure de l'air, de toute variation atmosphérique ; quand on aurait vécu deux jours dans ce milieu royal, qui pourrait supporter les villes et les villages civilisés, avec leurs boues, leurs immondices ? Qui pourrait se résoudre à se rembarquer encore dans leurs rues sales, ardentes et méphitiques en été, ouvertes en hiver à la neige, au froid, à tous les vents ? Qui pourrait se résigner à reprendre le manteau, les socques, le parapluie, les doubles souliers, attirail odieux dont l'individu est obligé de s'embarrasser, de s'affubler, de s'écraser, parce que la population n'a pas su créer le logement qui la garantirait s bien en masse ? — Quelle économie de dépenses, d'ennuis et d'incommodités, de rhumes, de maladies de toute espèce, obtenue par une simple disposition d'architecture sociétaire ! Que de jeunes filles mortes trois jours après le bal où elles s'étaient montrées éclatantes de vie et de jeunesse, qui répon-

draient encore aux baisers de leurs mères, si seulement
cette garantie de santé avait pu exister dans nos abomi-
nables villes !

Au point central du palais se dresse et domine la
Tour d'ordre. C'est là que sont réunis l'observatoire, le
carillon, le télégraphe, l'horloge, les pigeons de correspondance, la vigie de nuit; c'est là que flotte au vent
le drapeau de la Phalange. — La Tour-d'Ordre est le
centre de direction et de mouvement des opérations industrielles du canton; elle commande les manœuvres
avec ses pavillons, ses signaux, ses lunettes et ses
porte-voix, comme un général d'armée placé sur un
haut mamelon.

Le temple et le théâtre s'élèvent, à droite et à gauche du palais, dans les deux rentrants formés par la
saillie des ailerons, entre le corps du Phalanstère et
les jardins dont les terrasses l'enveloppent, et du sein
desquels il émerge (1).

Il est facile de voir que cette distribution se prête à
toutes les convenances, se plie à toutes les exigences
des relations sociétaires, et réalise merveilleusement les
plus belles économies.

Chacun trouve à se loger suivant sa fortune et ses
goûts dans les quartiers du Phalanstère. On s'abonne
avec la Phalange pour le logement comme pour la
nourriture, soit que l'on prenne un appartement garni,
soit que l'on se mette dans ses meubles. Plus de ces em-
barras, de ces nombreux ennuis de ménage, attachés à
l'insipide système domestique de la famille ! On peut, à
la rigueur, n'avoir en propriété que ses habits et ses
chaussures, et se fournir de linge et de tout le reste par
abonnement. Il est certain même que cette coutume sin-

(1) Ces deux édifices, reliés au palais par des galeries couvertes,
ont été supprimées, pour plus de simplicité, dans la petite gravure
(*idée d'un phalanstère*), où l'on a supprimé aussi les bâtiments ruraux ; mais ils sont à leur place dans le plan et dans la vue générale de l'*Album du Phalanstère.*

gulièrement économique et commode se généralisera
beaucoup quand on verra la propreté raffinée des lin-
geries sociétaires. — Aujourd'hui on n'est pas si cha-
touilleux : on couche souvent dans des draps d'auberge
et d'hôtels-garnis, dont la propreté est bien fort dou-
teuse ; et nos petites maîtresses parisiennes donnent leur
linge à des blanchisseuses qui leur font subir, dans leurs
cuviers, Dieu sait quels contacts!

L'Harmonien n'a pas à songer à tous ces minutieux
arrangements de chaque jour, qui harcèlent le Civilisé
et lui font une vie si matérielle, si prosaïque, si fasti-
dieuse et si bourgeoise : — et c'est ainsi que Fourier,
précisément parce qu'il a pris en considération les
questions matérielles et domestiques, a pu affranchir
l'homme du joug de plomb que les dispositions abru-
tissantes de la Civilisation lui imposent à chaque heure
de son existence! c'est ainsi qu'il a trouvé le moyen de
poétiser la vie! Essayez donc d'en faire autant avec des
abstractions quintessenciées et des maximes morales?
Pauvres sots philosophes! vous verrez que ces Béotiens
crieront à l'*utopie*, eux qui, laissant l'homme courbé sur
la terre, livré au despotisme absolu et tout-puissant, à
l'inflexible tyrannie des nécessités premières, des 'besoins matériels de chaque jour, n'en ont pas moins la
prétention de spiritualiser sa vie! Cette absurdité, qui
a trois mille ans de longueur, est tellement épaisse, que
l'avenir n'y voudra pas croire.

Le Séristère des cuisines (1), muni de ses grands
fours, de ses ustensiles, de ses mécaniques abrégeant
l'ouvrage, de ses fontaines à ramifications hydrophores,
pavoisé de batteries étincelantes, se développe à la
fois sur des cours intérieures de service, et du côté
de la campagne. Ses magasins d'arrivages, de dépôt et
de conserve, et les salles de l'office sont à proximité.

---

(1) *Séristère* est le nom générique des ateliers phalanstériens ;
on saura bientôt la raison de cette dénomination.

Les tables et les buffets, chargés dans ces salles basses,
pris et élevés, aux heures des repas, par des machines,
sont apportés tout servis dans les salles de banquets, qui
règnent à l'étage supérieur et dont les planchers sont
pourvus d'un équipage de trappes, destiné à donner aux
grandes opérations du service unitaire la rapidité presti-
gieuse des changements à vue d'un opéra féerique. —
Ces mécanismes ingénieux, que la Civilisation emploie
çà et là pour faire quelques jouissances à ses oisifs,
l'Harmonie trouve son économie à les prodiguer pour
faire des jouissances sans nombre à tout son peuple.

La chaleur perdue du Séristère des cuisines est employée à chauffer les serres, les bains, etc. Quelques
calorifères suffisent ensuite pour distribuer la chaleur
dans toutes les parties de l'édifice, galeries, ateliers,
salles et appartements. Cette chaleur unitairement mé-
nagée est conduite dans ces différentes pièces par un système de tuyaux de communication, armés de robinets au
moyen desquels on varie et gradue à volonté la tempé-
rature, en tout lieu du palais sociétaire. Un système de
tuyaux intérieurs et concentriques à ceux des calorifères,
porte en même temps de l'eau chaude dans les Séristères où elle est nécessaire et dans tous les appartements.
Il existe un service analogue pour la distribution de l'eau
froide. On conçoit facilement combien ces dispositions
d'ensemble sont favorables à la propreté générale, combien elles font circuler de confort et contribuent à dé-
pouiller le service domestique de ce qu'il a de sale, de
répugnant, de hideux souvent, dans les doux ménages
de la Civilisation morale et perfectibilisée.

La même pensée unitaire préside au dispositif de tous
les services. Ainsi c'est par un mode analogue que des
bassins supérieurs, placés dans les combles, recevant les
eaux du ciel ou alimentés par des corps de pompe, four-
nissent des ramifications de boyaux divergents, d'où
l'eau, projetée avec la force de compression due à sa hau-
teur, entretient pendant les chaleurs de l'été, dans les

atriums, les salles et les grands escaliers, des fontaines
jaillissantes, des cascatelles aux bassins blancs et de
hardis jets-d'eau dans les jardins et les cours. Les
boyaux mobiles sont employés au service journalier de
l'arrosage des abords du Phalanstère ; ils servent aussi
à laver les toitures et les façades, et surtout à ôter toute
chance à l'incendie (1).

Grâce à ces dispositions, si bien prises d'ailleurs pour
marier la salubrité à l'agrément, dix enfants sur les combles d'un Phalanstère, arrêteraient un incendie plus rapidement que ne le sauraient faire toutes les compagnies
de pompiers du monde dans les maisons et sur les toits
inabordables des constructions morcelées, boiteuses,
inextricables de nos villes morcelées et civilisées.

L'éclairage général, intérieur et extérieur, est aussi
réglé, dans la Phalange, sur la même idée unitaire. Personne n'ignore que la plupart des grandes cités et des
établissements publics sont éclairés par ce procédé. —
Les réfracteurs lenticulaires et les réflecteurs paraboli-
ques seront d'un heureux emploi dans cet aménagement
unitaire de la lumière, qui multipliera sa puissance en
combinant convenablement les ressources de la catop-
trique et de la dioptrique.

Une grande partie de ces choses sont déjà réalisées
dans les palais et dans quelques somptueux hôtels de
France et surtout d'Angleterre. Mais, en Civilisation,
pareils avantages ne sont réservés qu'au très-petit nombre. Le pauvre meurt de faim, de froid et de misère à
côté des royales maisons où les riches meurent, eux-
mêmes, gorgés de luxe, de dégoûts et d'ennuis : car

---

(1) Il faut ajouter encore que pour parer à ces chances infiniment
réduites d'incendie, les différens corps du Phalanstère pourront être
séparés par des coupures, et reliés seulement, en ces points de sec-
tion, par la rue galerie qui n'est interrompue nulle part. — Au reste
toutes les dispositions que nous décrivons ici seront mille fois dé-
passés par les progrès de la mécanique et des inventions du génie
humain.

la Civilisation met à la disposition du riche tous les raf-
finements du confort et du luxe... et elle les empoisonne,
—ce qui est justice ! Dieu n'a pas voulu que quelques
fainéants égoïstes pussent être réellement *heureux* au
milieu des souffrances et des grincements de dents des
masses qui travaillent pour eux. Le bonheur est une con-
quête qui ne peut être faite qu'au profit de l'espèce
entière. Aussi est-ce pitié que de voir ces pauvres riches
se mutiner contre le sort, comme des enfants quinteux,
parce qu'ils ne trouvent pas le bonheur, quoique placés pourtant, disent-ils, au milieu de tout ce qui peut
le donner.

Oh! non, non, riches du monde! vous n'êtes pas placés au milieu de ce qui peut donner le bonheur; car vous
vivez au milieu de vos frères qui souffrent ! Votre égoïsme
fait un mauvais calcul quand il vous ferme les oreilles à
la grande voix des douleurs humaines qui gronde autour
de vos palais; car tous les humains sont liés, il faut vous
le crier sans cesse, par solidarité en malheur comme en
bonheur. Croyez-vous donc que Dieu soit un père qui ait
des préférences aristocratiques ? prenez-vous les autres
pour des cadets ou des bâtards ? Tant que la misère pèsera
sur eux, voyez-vous, vous aurez pour lot les tortures de
l'ambition déçue, les chagrins de la famille, les déses-
poirs du cœur, l'implacable obsession de l'ennui, le vide
de l'âme, le spleen. Tant que le corps du pauvre sera
mordu par le besoin, le cœur du riche sera rongé par les
vers qui le dévorent aujourd'hui.—Si l'on meurt de faim
en bas, en haut on se suicide..... parfois on assassine!...
Qui trouve à redire à la justice de cette loi ?

Revenons à notre architecture harmonienne qui uni-
versalise le confort et le bien être, qui loge l'Homme et
non pas seulement quelques hommes comme l'architecture civilisée ; et résumons la description précédente en
disant que, dans la construction sociétaire tout est prévu
et pourvu, organisé et combiné, et que l'Homme y gouverne en maître l'eau, l'air, la chaleur et la lumière.

C'est au lecteur à faire surgir en relief dans son imagination, l'*idée générale du Phalanstère*, à se transporter dans ce séjour, à le voir, à évoquer de cette donnée féconde que j'indique rapidement, tout ce qu'elle renferme d'artistique et de confortable, à comprendre enfin comment toutes ses dispositions concourent à l'utile et à l'agréable, au bon et au beau, au luxe et à l'économie.

Artistes ! ici il y a de l'architecture et de la poésie.

§ II.

Italiam ! Italiam !
VIRGILE.

A vous donc, Artistes ! à vous, peuple hardi et brillant, à vous, hommes u imagination, de cœur et de poésie ! Que faites-vous dans ce monde bourgeois d'aujourd'hui ? est-ce que vous vous sentez à l'aise dans cette vaste boutique ? Quels essors vous sont offerts dans les magasins de l'épicerie, les cuisines du ménage morcelé, la maison du bourgeois et de sa famille ?

La lésine d'un marchand, les sots caprices d'un parvenu de comptoir, la stricte économie de quelque descendant appauvri de race antique, tout cela ne s'accommode pas à l'art, tout cela ne prête pas à conception ! — Il n'y a plus de sources de richesses que dans la marchandise, et la marchandise n'aime pas l'art. La destruction des grandes fortunes féodales et cléricales, les commotions révolutionnaires et les subdivisions des propriétés ont donné à l'art le coup de mort. Il agonise aujourd'hui dans la lithographie... Que voulez-vous faire ? Il n'y a plus de cathédrales, ni d'abbayes, ni de châteaux à construire, à orner de statues et de larges tableaux, à parer de sculptures et de fresques ; plus de toiles à couvrir, plus de marbres à tailler. Le pan de bois, le plâtre, le carton-pierre et le papier peint ont tout envahi...

Voulez-vous que l'architecture renaisse ? —Faites renaître les conditions qui la nourrissaient autrefois, faites
renaître des concentrations de volontés. — Et cette fois,
ce ne sera plus une concentration opérée autour d'un
seul point, politique ou religieux : ce sera la fusion harmonique et puissante de tous les éléments de la volonté
humaine ; ce sera un ralliement universel, une association intégrale de toutes les facultés et de toutes les passions ; ce sera l'Humanité unie dans sa force, dans son
essence, dans la totalité de ses éléments : et l'architecture qui sortira de cette composition complète et unitaire
sera, elle aussi, complète et unitaire.

Ce ne sera plus la cathédrale ou l'hôtel-de-ville, le
collége, le théâtre, le logement de ville ou de campagne,
le château, la manufacture, la bourse, et que sais-je encore... Ce sera tout cela à la fois, tout cela réuni, combiné, glorieusement transformé et unitarisé, formant un
tout avec les cent mille contrastes et les cent mille harmonies d'un monde ! Voilà l'architecture de l'Avenir. —
Comparez les Phalanstères, les Villes et les Capitales dérivant du principe d'Association, comparez-les avec nos
villages, nos villes, nos capitales dérivant du principe de
Morcellement... comparez et prononcez !

« Mais cela est trop beau, » disent les niais ébahis,
« cela est trop beau et ne peut arriver. Ils sont fous ces
gens-là, ils ont lu des contes de fées... »

Eh d'abord ! puisque nous y voici, entendons-nous un
peu. Je pourrais démontrer rigoureusement que les Phalanstères de Haute-Harmonie, les Phalanstères nés au
sein de l'opulence de l'Ordre Sociétaire, quand cet Ordre
aura depuis quelque temps pris possession de la terre,
laisseront bien loin derrière eux en magnificence, en
éclat, en couleur, en richesse, ces immenses cathédrales
surchargées, du triple portail à la flèche, de dentelles et
de broderies de pierre, ces cathédrales où chaque moel-
lon était frappé à l'empreinte de l'art, où les vitraux, les
arceaux, les colonnes et les murs, relevés à l'intérieur

et à l'extérieur par les couleurs les plus vives, vermillon, or et azur, le disputaient en splendeur au maître-autel et à l'étole du prêtre officiant. — Car cela était ainsi.

Voilà les monuments dont l'Europe s'est hérissée en trois siècles ! Voilà ce qu'un seul principe d'union a su faire jaillir du désordre général, voilà ce que l'idée religieuse a eu puissance d'extraire du sein d'une Civilisation affamée. Si ces choses ont été produites dans le Chaos, pensez aux merveilles qui suivront la Création ; pensez-y, et la logique ira plus loin que votre imagination ; et vous ne trouverez pas assez de formes et de couleurs pour vous représenter l'avenir resplendissant et flamboyant du globe transfiguré.

Les palais des Phalanges, artistes ! les castels, les kiosques, les belvédères, dont elles parsèment leurs riches campagnes, les grandes villes monumentales et la Capitale du globe harmonien, voilà, artistes, qui vaut bien un devant de boutique, une soupente, un escalier tordu, un palier de maison bourgeoise, une Renommée rouge sur l'enseigne d'un pâtissier... Il faudra des voûtes hardies jetées sur des murs de marbre, des coupoles, des tours et des flèches élancées ; votre génie sera à l'aise dans ces grandes lignes dont vous aurez à combiner les mouvements et les allures ! Il faudra aux palais des Phalanges, des portes où sept chevaux de front puissent entrer ou sortir à l'aise ; il faudra des fenêtres grandes ouvertes par où le soleil verse à flots dans la maison de l'homme la vie et la couleur ; il faudra des galeries ; des balcons et des terrasses où la population du Phalanstère puisse s'épandre et lui faire d'éclatantes guirlandes de femmes et de joyeux enfants... Il faudra des tableaux à ses galeries et à ses salles, des décorations à ses grands ateliers, des fresques aux parois de ses théâtres, à ses voûtes des fresques et des sculptures ; il faudra des statues dans ses atriums et ses grands escaliers, des statues sur ses entablements , des statues dans ses verts bosquets, dans ses jardins ombreux, des gargouilles ouvrées aux angles des corniches, à ses machines à vapeur des têtes de bronze et des gueules de fer, des marbres à ses bassins, des autels à ses temples, et mille chefs-d'œuvre d'art pour les revêtir et les dignement parer.

Là, voyez-vous, il faudra harmoniser l'eau, le feu, la lumière, le marbre, le granit et les métaux : l'Art aura dans ses larges mains tous les éléments à marier ensemble ; ce sera une création !...

Puis, des orchestres à mille parties, des chœurs à mille voix : des hymnes et des poèmes chantés par des masses ; des manœuvres chorégraphiques exécutées par des populations... Car dans les Phalanstères ce n'est pas une troupe rapée qui monte sur des planches : l'éducation unitaire élève chaque homme à la dignité d'artiste, et si chaque homme n'est pas poète et compositeur, chaque homme du moins sait faire sa partie dans l'ensemble ; chaque homme est tout au moins une note dans le grand concert.

Et qui prendrait sur lui d'affirmer que Dieu a donné à chacun de ses enfants une tête qui pense, un cœur qui bat, des oreilles pour aimer l'harmonie, des doigts pour la faire, une poitrine pour chanter et des yeux pour les couleurs, sans permettre, sans vouloir, qu'il en soit un jour ainsi ? Dites, artistes, dites, poètes, ne sentez-vous pas ici la Destinée de l'homme ? Dites, toutes ces merveilles de l'harmonie sociale, n'y sentez-vous pas l'empreinte du beau et du vrai dont vous portez le type en vos âmes ? Dites-le donc, est-ce cela qui est le faux, et le vrai serait-il le devant de boutique, la soupente, l'escalier tordu, le palier de la maison bourgeoise et la Renommée sur l'enseigne du pâtissier ?... Et encore, sans nous traîner dans la prose du mercantilisme et dans toutes les ordures de la Civilisation, dites si cela ne va pas mieux à vos imaginations et à vos cœurs qu'une pyramide d'Égypte bâtie par un peuple nourri d'ognons,

5.

le dos courbé sous le poids des pierres, un palais de Né-
ron, et même cette Colonne napoléonienne, fondue avec
le bronze sanglant qui tue dans les batailles ? Oui, oui,
c'est la destinée de l'Humanité d'être heureuse et riche,
et de parer sa planète, et de lui faire une robe resplendis-
sante qui ne la rende pas honteuse à la danse céleste où
elle occupe dans la ronde lumineuse une place d'honneur
à côté du soleil ! Oui, quand l'Humanité marchera dans
sa force et dans sa loi, on verra éclore bien d'autres merveilles sous l'influence de la puissance humaine combinée
avec la puissance vivifiante du globe, et tout ce que j'ai
dit ce n'est encore que mesquinerie et pauvreté... Oui,
. la Destinée de l'homme est bien là !

Mais il faut s'arrêter... j'oublie que ces paroles sont
jetées à un monde de douleurs et de misères, où six
mille ans de souffrances ont étiolé les âmes et tari dans
les cœurs les sources des grandes espérances. Le mal
s'est infiltré jusqu'à la moëlle des os, il a rongé jusqu'au désir. Tous les rêves d'avenir se bornent aujour-
d'hui à la conquête des incompatibilités, de l'adjonction
des capacités, et de je ne sais quelles autres réformes de
ce calibre... Il faut s'arrêter...

CHAPITRE QUATRIÈME.

Convenances et Économies de l'Architectonique phalanstérienne.

§ I.

Oui il faut s'arrêter :

Car aujourd'hui que l'on prodigue le nom de poésie
d'autant plus que l'on comprend moins la chose ; aujour-
d'hui qu'on trempe ce nom dans toutes scènes domestiques, dans de ridicules péripéties bourgeoises, dans des
intrigues d'alcôve civilisée, dans les ruisseaux des rues,
dans toute puérilité et toute fange ; aujourd'hui que la
poésie sociale, la grande poésie humanitaire effarouche
et fait fuir notre littérature chiffonnée, nos peintres de
mœurs et de vie privée, nos poètes pleureurs, nos la-
quistes lamentables : aujourd'hui, il semble en vérité
qu'on ne puisse faire de la poésie qu'avec des gonfle-
ments d'amour engorgé ou de la vapeur et des fluides

éthérés... ou bien encore, — pour les uns, avec le poignard classique qui tue dans les règles et proprement derrière la coulisse, emmanché d'un alexandrin de douze pieds, plus raide que sa lame de bois, — pour les autres, avec la dague-moyen-âge qui egorge, en plein théâtre, tout le long du drame échevelé.

Qu'il puisse y avoir de la poésie dans partie de ces choses, qu'il y en ait même en toute action palpitante de vie humaine et de Passion *en essor subversif* ou *en essor harmonique*, c'est ce que, moins que personne, je songe à contester : — mais autre chose est la poésie du présent et du passé, autre chose la poésie de l'avenir. L'une, individuelle, gémissante ou poussant de grands cris de douleurs, des clameurs de détresse ; l'autre, individuelle et humanitaire à la fois, puisant aux grandes harmonies de la nature, s'inspirant aux mouvements synergiques des populations et des races, à la voix des lois divines L'une obscure ; l'autre éclatante et radieuse. L'une trempant ses pinceaux dans des larmes et du sang noir ; l'autre harmoniant sur les grandes toiles encadrées d'or et de diamants les sept couleurs vives de l'arc-en-ciel, les sept joies de l'âme glorifiée. L'une enfin s'agitant dans le chaos ; l'autre planant sur la création.

Donc, si l'on ne veut pas aujourd'hui la poésie dans les choses sociales, — et en ce moment pourrait-on deviner qu'elle y doit être, puisque l'on prend pour choses sociales une politique décharnée, une charte, squelette sonore et sec dont les os sont le budget, la loi électorale, le cens d'éligibilité et la responsabilité des ministres ? — Si l'on n'y veut pas la poésie, disons-nous, revenons à l'arithmétique. Faisons des additions et des soustractions, des *totaux* et des *restes*. Parlons aux chiffres. Comptons. Aussi bien, voyez-vous, les neuf caractères de l'algorithme arabe, 1, 2, 3, 4, 5, 6, 7, 8, 9 et leur zéro, sont une batterie plus que suffisante pour démolir la Civilisation et ruiner toutes ses défenses.

Et d'ailleurs qu'on ne s'y trompe pas ; qu'on ne prenne

pas pour valant quelque chose les grandes déclamations que font, par le temps qui court, au nom de la poésie, contre les mathématiques et les sciences exactes, tant de hannetons littéraires et de petits poètes essoufflés. — Il est bien vrai que l'école scientifique actuelle, matérialiste et fragmentaire, a voulu et veut encore, avec ses *données arbitraires* et la négation d'un plan d'ensemble pensé et préétabli, exiler Dieu de la création ; il est bien vrai qu'elle a desséché, fracturé, rapetissé la science. Mais que l'on se place, pour voir la science, à ce haut point de vue de Pythagore, de Képler et de Fourier, qu'on s'élève jusque-là, et l'on pourra dire si la science est hostile à la poésie ! — Et même, je le veux encore, que l'on se tienne au point de vue de l'école newtonnienne ; que nos littérateurs si ridicules quand ils entrent tout ambrés, tout parfumés, tout pommadés, dans le domaine de la science où ils ne voient goutte, lisent seulement l'*astronomie d'Herschell*, — s'ils peuvent comprendre, — et ils verront s'ils ont bonne grâce avec leurs airs et leurs dédains (1).

Prétendre parquer en deux camps hostiles la science et la poésie, c'est chose bien digne d'un siècle qui veut cantonner, en opposition aussi, dans le domaine social, l'ordre et la liberté. — L'ordre n'est qu'un mot absurde sans la liberté. Ce sont deux faits liés et solidaires. Or, dans la création, la poésie est aux mathématiques ce

---

(1) Ceci ne s'adresse pas à tous nos littérateurs : il est parmi eux plus d'un homme sensé. Je crois même juste de dire qu'aucune époque n'a présenté une plus riche collection de talens que la nôtre, on a prodigieusement perfectionné la forme : malheureusement les idées manquent souvent, et la phrase envahit tout. On veut faire à toute force du *senti*, du *profond*, et l'on sert en pâture au public mille petites théories plus vaines et plus puériles les unes que les autres. Le public, d'ailleurs, consomme tout ; il se montre fort débonnaire. Et puis *il n'y a pas de critique*, pas de saine critique, j'entends. Cette dernière assertion pourra paraître impertinente à ceux qui se sont constitués les juges du camp, et qui tiennent en main les trompes et les trompettes; elle me vaudra peut-être plus de ho-

que, dans le monde social, la liberté est à l'ordre. — Serait-ce qu'il n'y a pas de poésie dans les grandes harmonies de la nature ? Sur quoi donc seraient fondées ces grandes harmonies, sinon sur les grandes lois physiques et mathématiques ? — Sont-ce là, dès-lors, choses à séparer ?

Et si, maintenant, la solution de la belle et grande question de l'architectonique humanitaire calculée sur les exigences de l'organisation de l'homme et de la vie sociale la plus heureuse et la plus parfaite, répondant à l'intégralité des besoins et des désirs de l'homme, déduite de ces besoins, de ces désirs, et mathématiquement ajustée aux grandes convenances primordiales de sa constitution physique et passionnelle ; Si cette forme, qui réfléchit, majestueuse et complète, comme nous le verrons mieux plus tard, la grande loi de l'Harmonie Universelle, se trouve en même temps et par cela même douée de la plus haute expression de poésie architectonique qu'il soit possible de concevoir, est-ce là une raison pour la rejeter, cette forme ?

Quoi donc ? vous suspecteriez la réalisabilité (1) de cette grande pensée architecturale parce que, — ainsi que le diamant contient pur le rayon blanc de lumière solaire et les sept couleurs qui le composent, — ainsi elle contient dans son ensemble l'harmonie intégrale et

---

rions que les passages les plus scabreux de mon livre tous ensemble ? our le moment, c'est pure assertion : la preuve viendra plus tard, à sa place ; et sa place ne peut se trouver que dans un écrit périodique. D'ailleurs, il ne s'agit dans cette note que de dénoncer un ridicule, une des minauderies de notre littérature, qui, tout en faisant niaisement contre la science, n'en recherche pas moins, avec une avidité enfantine, l'emploi des expressions techniques, dans le but innocent de se styler, de se donner du galbe : ce qui serait fort bien faire, si cette pauvre science n'était pas plus rudement écorchée encore par ce genre d'hommages que par la dénigration directe. C'est une contrebande plus fâcheuse que la franche guerre.

(1) Ce mot-ci n'est guère harmonieux, mais il est utile.

toutes les harmonies qui la produisent! Vous la suspecteriez parce qu'elle se résout en un merveilleux microcosme dont toutes les parties, coordonnées entre elles, avec leurs styles variés dépendant des rapports des choses, leurs caractères propres, leurs types spéciaux, forment une manifestation archétypique du beau, de l'ordre, de l'unité universelle?

Serait-ce donc que ce sentiment du beau, des rapports vrais, des convenances générales, placé au cœur de l'homme comme un flambeau inextinguible, est une lumière fallacieuse et fausse? Ne serait-il qu'une déception? qu'une ironie implacable et cruelle? — Ecoutez donc les sublimes enseignements de la Création, les grandes voix de la Terre et des Cieux, qui apprennent à l'homme que cet archétype idéal gravé dans son âme est le *Verbe éternel*, incarné partout dans l'univers, et que la tâche de l'homme ici-bas est de l'incarner dans le monde sur lequel il a reçu puissance et domination.

Non! il n'est pas de plus énergique révélation de la déviation de l'homme, pas de témoignage plus hautement accusateur de la subversion de destinée dans laquelle il est plongé, que cette révolte de sa raison pervertie et faussée contre ses attractions natives, contre les harmonies éternelles vers lesquelles gravite sa noble nature! La plus éclatante attestation synthétique du mal social, c'est bien que l'homme soit enfoncé dans le mal jusque là qu'il regarde ce mal comme son élément! C'est cette fatale croyance qui a paralysé si long-temps l'intelligence humaine, qui a fait obstacle à toute hardie recherche d'une issue de Subversion en Harmonie : c'est elle encore qui, maintenant qu'un homme, par une incroyable puissance de génie, a trouvé cette issue, fait dire des paroles de cet homme, comme les Troyens des paroles de la prophétesse inspirée : « Rêve et mensonge, délire et folie! »

Ainsi, et pour en revenir à la question spéciale qui nous occupe, c'est donc délire et folie que de se proposer la solution de ce problème :

Trouver les conditions architecturales les plus convenables aux besoins de la vie individuelle et sociale, et constituer, d'après les exigences de ces conditions, le type de l'habitation d'une population de dix-huit cents personnes, — population qui correspond à l'unité d'exploitation du sol, et qui constitue la Commune rurale, c'est-à-dire l'Alvéole élémentaire de la grande ruche sociale.

Quoi donc, c'est folie et délire, cela! et vous dites : cela est inouï, extravagant, *irréalisable* (c'est le grand mot) et vous parlez ainsi alors que vous avez sous les yeux, et à vous les crever encore! des constructions *logeant dix-huit cents hommes*, et non pas fondées en terre ferme, sur roc, mais bien mobiles, mais filant sur l'océan dix nœuds à l'heure et transportant leurs habitants de Toulon au Cap, du Cap à Calcutta, de Calcutta au Brésil et au Canada! des constructions à dix-huits cents habitants, qui narguent les vents des grandes mers et les ouragans des tropiques, de braves et dignes vaisseaux de ligne, ma foi, épais de préceinte, hauts de mâture, et carrés de voilure, et parlant haut des deux bords avec leurs triples batteries de vingt-quatre et de trente-six, et mordant dur, encore, avec leurs grapins d'abordage !

Était-il donc plus facile de loger dix-huit cents hommes au beau milieu de l'océan, à six cents lieues de toute côte, de construire des *forteresses flottantes*, que de loger dans une construction unitaire dix-huit cents bons paysans en pleine Champagne ou bien en terre de Beauce ?

Mais voici un autre problème encore, et qui s'énonce en ces termes :

Trouver moyen de mettre à l'abri dans une ville un petit corps de troupes, et de lui donner même, pendant un temps plus ou moins long, une supériorité de forces sur une grande armée qui l'attaquerait avec un matériel immense, des bombes de douze pouces et des boulets de vingt-quatre.

Je pourrais bien vous dire, moi qui suis du métier, ce qu'il a fallu d'observations, d'efforts d'intelligence et de combinaisons pour arriver à résoudre ce problème comme il l'est aujourd'hui. Parapets, bastions, courtines, tenailles, demi-lunes et réduits de demi-lune; contregardes, fossés, chemins couverts, places d'armes et réduits de place d'armes, traverses, communications.... je vous fais grâce du reste et des détails; il a fallu agencer et combiner tout cela, ménager les angles et les incidences, les commandements et les défilements; combiner toutes les formes, calculer toutes les hauteurs, toutes les dimensions, les modifier de mille manières par mille considérations et pour mille relations; coordonner chacune d'elle à toutes les autres; et cela, non pas grossièrement, non pas d'une façon approchée, mais, savez-vous, à un centimètre près! Et il faut des combinaisons différentes pour toutes les positions différentes!

Dans ces fortifications, où les promeneurs bénévoles ne voient que des murs et des fossés, il n'y a pas un mouvement de terrain, pas une inclinaison, pas un pli qui ne soit calculé; et quand une place forte a fait sa toilette de guerre, quand elle s'est parée pour le siège, il n'y a pas une pierre qui ne soit en son lieu, pas une motte de terre qui ne soit à sa place!

La détermination d'un front-bastionné, type élémentaire de la fortification, constitue un problème tellement surchargé de conditions, qu'il y a de quoi effrayer d'y penser. Ce que l'invention en a dû coûter d'efforts d'intelligence et de tension d'esprit, vous pouvez en juger par ce que l'on exige de temps, de travaux, d'études et de science pour arriver à la comprendre.

5.

Or, ce problème a été résolu. L'invention a été faite, réalisée, et maçonnée. On a dépensé et on dépense encore des milliards en Europe pour faire et entretenir ou pour broyer des milliers de fronts-bastionnés. Ce n'est pas impossible cela ! — Il est vrai que c'est une des parties constitutives du grand art de tuer les hommes, et qu'en cette direction du moins on ne se ferme l'espoir à aucune espèce de perfectionnement et de progrès. — Voyez plutôt le mortier-monstre ... des bombes de mille, cordieu ! il y a de l'avenir dans cette découverte....

Hé bien ! si l'adoption de cette découverte, ou de toute autre invention philantropique et productive du même genre, nécessitait un changement dans le système de défense, vous verriez qu'on trouverait tout simple de poser le problème de la fortification des villes sur de nouvelles bases, de recommencer l'invention et d'en construire la solution. Pour cela on a de l'argent, des travailleurs, un corps nombreux d'ingénieurs qui apportent à ces choses science, intelligence et facultés; pour cela on remue le sol, on fonde sur pilotis, on laboure le roc; on percera, pardieu, en roc dur d'immenses fossés de vingt mètres de profondeur; pour cela rien ne coûte. — C'est bien.

Mais qu'un homme vienne dire que l'on devrait songer à loger les hommes sainement, commodément, agréablement, sociétairement.... — Folie et délire !

Que cet homme ajoute qu'il en a trouvé le moyen, qu'il le donne : — Le voici, voici les plans, examinez. Et si les plans paraissent bons, faites au moins un essai, un seul. C'est la porte d'un nouveau monde.... — Pst ! rêve et mensonge !

Oh ! il faudra pourtant bien que vous écoutiez, je vous le jure ! dût-on vous appliquer la gueule du porte-voix sur les oreilles. Si vous êtes logés, vous autres, tout le monde ne l'est pas. Il y en a qui ont trop froid en hiver, et trop chaud en été, savez-vous ? il y en a dont la hotte de paille à coucher se mouille trop quand il pleut, et dont le plancher devient boue! L'homme n'est pourtant pas fait pour vivre dans les tanières. Ce n'est pas un animal qui se terre, l'homme : et il faut qu'on le loge.

Or, s'il faut qu'on le loge, trouvez donc, pour le loger, mieux qu'un Phalanstère, trouvez mieux en satisfaction des convenances, en agrément, en magnificence et en économie?... en économie, entendez-vous ?

Chose étrange ! il n'y a pas de problème absurde, mal posé ou malfaisant qu'on n'ait encore cherché à résoudre sur cette terre, et on s'insurge contre l'idée de déterminer les lois d'une architecture harmonique et convenante à l'organisme humain !

L'Académie s'ingénie chaque année à trouver des sujets de concours pour les élèves de l'école d'architecture, et elle n'a pas eu l'idée de proposer celui-là ! C'est pourtant une conception plus féconde, une idée plus haute de mille coudées, que toutes les idées architecturales qui aient été exécutées ou seulement émises jusqu'ici.

C'était là d'ailleurs la tâche sociale réservée à l'Art dans la carrière du progrès social. — Qu'un architecte, en effet, laissant le quart de rond, la cimaise et les ordres, se fût proposé de résoudre le problème architectural ainsi posé :

Étant donné l'homme, avec ses besoins, ses goûts et ses penchants natifs, déterminer les conditions du système de construction le mieux approprié à sa nature :

Cet architecte se trouvait, dès le premier pas, face à face avec l'option suivante :

A *Ou une maison isolée pour chaque famille;*

A *Ou un édifice unitaire pour la réunion de familles composant la Commune.*

L'économie, l'aisance, la facilité des relations et des services, les agréments de toute nature, toutes les con-

venances matérielles, sociales et artistiques militaient
pour le second système.

Dès-lors, optant pour l'architectonique sociétaire,
l'artiste était sur la voie du calcul des Destinées; il dé-
couvrait de proche en proche, en cherchant les bases de
son projet, toutes les conditions de la vie sociétaire, qui
ne sont autre chose que les déductions naturelles et pratiques des besoins, des goûts et des penchants natifs de
l'homme. Et c'est ainsi qu'en spéculant sur l'architectonique la mieux adaptée à la nature humaine, on eût
nécessairement rencontré la forme sociale la mieux
adaptée à cette même nature.

Toutes ces questions se tiennent. On ne peut résoudre les unes sans déterminer en même temps la solution
des autres. Le problème architectonique n'est qu'un
cas particulier du problème social général, qui doit être
ainsi posé :

*Étant donné l'Homme, avec ses besoins, ses goûts,
ses penchants, déterminer les conditions du système social le mieux approprié à sa nature.*

Décomposez le mot *système social*, et vous y trouverez système industriel, système commercial, système
scientifique, système d'éducation, système hygiénique,
système architectural, etc., c'est-à-dire toutes les branches de l'arbre social. — Or, la Vérité étant UNE, si vous
avez découvert la Loi qui régit l'un de ces systèmes,
vous avez la solution pour tous les autres.

Construisez un Phalanstère, pourvoyez-le de son matériel, amenez-y une population de trois ou quatre cents
familles inégales, riches et pauvres, pères, mères et enfants; laissez-la se caser, agir; abandonnez-la à elle-
même; surtout, préservez-la du contact de tout pédant
philosophe et moraliste, et vous verrez l'Association se
faire par instinct si votre population n'écoute que les indications de la nature. — Il est sensible que les travaux
domestiques seraient d'abord organisés en grande échelle

et sociétairement ; ensuite le système d'éducation, et tous les autres services, de proche en proche. La création du milieu architectural sociétaire commanderait la formation du milieu sociétaire intégral : il n'y aurait qu'à suivre docilement la voix du génie de l'humanité. — C'est, au reste, ce qui demeurera prouvé dans la partie de cet ouvrage, où, pour déterminer les conditions de la vie sociétaire, nous ne ferons rien autre chose que de placer une population au milieu du dispositif matériel d'une Phalange, nous bornant à constater le mode suivant lequel tendent à se comporter, dans un pareil milieu, les divers membres de cette population, à reconnaître les lois suivant lesquelles s'y grouperaient naturellement les individualités, s'y formeraient spontanément les aggrégations et les hiérarchies de tous les ordres.

Si l'on eût réalisé pareil projet par manière d'expérience, il est évident qu'on fût tombé sur une forme sociale non pas artificielle, factice, contrariant la nature comme le sont la Civilisation et toutes les rêveries des philosophes, toutes les républiques utopiques sorties de leurs cerveaux, construites *à leur façon*, — mais sur une forme sociale naturelle, normale, dérivant rigoureusement de l'organisation humaine, faite à *la façon de la Nature ou de Dieu*, ce qui vaut bien *la façon* de Platon, ou celle de M. Bérard, éditeur de la merveilleuse constitution de 1830, laquelle est établie pour l'éternité... exactement comme toutes les précédentes.

Les hommes n'ont pas encore pu se persuader qu'il faut plier devant la Nature, se soumettre à elle, lui demander ses lois ; ils aiment mieux en faire eux-mêmes, des lois, quitte à ne leur donner d'autre sanction que des gendarmes et le bourreau.

Le lecteur doit bien comprendre, maintenant, que Fourier a manœuvré à l'inverse de tous les réformateurs de l'œuvre de Dieu, et que sa découverte est la récompense de la religieuse docilité qu'il a mise à suivre les indica-

tions de la Nature. Toutes les dispositions de la vie sociétaire sont exactement calquées, comme les dispositions
architecturales que nous venons d'examiner, sur des convenances fixes et bien déterminées. Le calcul qui lui a
livré la connaissance de l'architecture sociétaire est le
même que celui qui lui a donné la clé de toutes les autres parties constitutives de la société harmonienne.

La vérification des calculs, la contre-preuve des opérations consiste à soumettre les résultats à la *pierre de
touche composée*, à examiner s'ils réalisent l'alliance
du Bon et du Beau, de l'artistique et du confortable, du
merveilleux et de l'arithmétique; car cette alliance,
ainsi que je viens de l'établir, est le caractère de toutes
les œuvres de Dieu, le vrai contrôle de toute harmonie.

Que l'architecture phalanstérienne, type élémentaire
de la grande architecture humanitaire, contienne les
sources les plus vives auxquelles puissent s'alimenter
l'art et la poésie architectoniques, c'est ce qu'aucun
artiste et même aucun homme de quelque portée d'esprit, capable de saisir une donnée, ne songera à
contester. — Mais nous marchons dans des chemins tellement encombrés d'obstacles, tellement semés de préjugés, tellement obstrués par les ronces de la routine;
nous avons à parler à des gens si bien habitués à ne
croire réalisable et possible que ce qui est étroit, mes-
quin, difforme et laid; si éloignés de comprendre que la
plus haute expression poétique dont un mouvement
quelconque soit susceptible correspond précisément à
son MAXIMUM D'UTILITÉ, nous avons, en un mot, tant
de défiances à vaincre, nous qui venons jeter une idée
d'Harmonie en pleine Civilisation, que nous devons
examiner spécialement l'architecture sociétaire sous le
rapport de l'économie, et prévenir ainsi toutes objections sur sa réalisabilité. Ces objections, on ne manque
pas de les tirer de la splendeur et de la magnificence des
choses de l'Ordre combiné, comme si ces splendeurs n'é-
taient pas plus conformes aux Attractions de l'humanité

et par conséquent à ses Destinées, que les cloaques, les clapiers et les fanges de la Civilisation.

Examinons donc la question sous le rapport de la réalisation, et réduisons à leur juste valeur les prétendues impossibilités de l'application.

§ II.

Deux et deux font quatre.
Traité d'Arithmétique.

J'ai exposé l'idée générale du Phalanstère, du manoir de la Phalange industrielle, qui remplacera le village civilisé, comme le village a remplacé le kraal du sauvage. Ai-je dit que les premiers Phalanstères dont accoucherait notre pauvre Civilisation, seraient étincelants et somptueux comme les Phalanstères de Haute-Harmonie, les Phalanstères nés et baptisés au brillant soleil de l'Avenir? Non, je n'ai pas dit cela. Comparativement à ces resplendissants Phalanstères, la Civilisation, dans ses premiers essais, ne saurait produire que des avortons. Et pourtant auprès de nos habitations ces avortons-là seront des séjours enchantés.

De quelque peu de valeur que soient les matériaux des Phalanstères de début, l'unité de la construction, la symétrie des grandes masses, le contraste et la variété des parties, l'heureux agencement des détails avec l'ensemble, et par-dessus tout l'expression architecturale de la pensée sociale, les harmonies de ces constructions avec les eaux, les végétaux, les paysages animés par une heureuse et joyeuse population; tout cela fera, de ces Phalanstères de début, d'honorables, de ravissants séjours. Le luxe ensuite ira croissant selon les ressources, — et la progression sera rapide.

La Phalange d'essai, celle dont le succès prouvera sans réplique la grande vérité sociale qui ne peut pas être introduite dans certaines cervelles par la voie de la

science et du calcul, cette première Phalange sera certainement établie sur un sol libre. Ce sera un terrain
d'une lieue carrée environ, acquis par une Compagnie
d'actionnaires, et sur lequel on se proposera de porter
une population pour l'exploiter; ce sera une *colonie* exécutant combinément des travaux d'agriculture, d'ateliers, d'éducation et de ménage.

Or, demandez-vous s'il serait plus économique et plus
sage, pour loger une population qui devra s'élever à
dix-huit cents ou deux mille personnes, de construire
un grand édifice unitaire, ou de bâtir trois cent cinquante à quatre cents petites maisons isolées et civilisées, trois cent cinquante masures morales et philosophiques?

Ce n'est plus ici du fantastique, du chimérique, de la
folie, comme disent nos esprits-forts; ceci est prosaïque
et vulgaire : il ne faut ni beaucoup d'architecture, ni
beaucoup d'arithmétique, pour comprendre que le développement des murs, des toitures, et des char-
pentes, serait quatre fois plus considérable dans le cas
de la bourgade incohérente que dans le cas du Phalanstère.

Ajoutez encore les murs de clôture exigés, dans le
régime morcelé, pour enfermer les maisons, les jardins
et les cours; pensez que vous pourrez avoir sous une
seule couverture courant régulièrement d'un bout à
l'autre de l'édifice sociétaire, trois et même quatre
étages; que vous épargnez quatre cents cuisines, quatre
cents salles à manger, quatre cents greniers, quatre
cents caves, quatre cents étables, quatre cents gran-
ges, pour concentrer le tout dans quelques vastes séristères. — Réduction analogue sur une foule de pièces
et d'ateliers épars aujourd'hui dans la bourgade. —
Indépendamment de l'économie de place et de construction, ajoutez celle de deux ou trois milliers de portes, de fenêtres, de baies, avec leurs châssis, leurs boi-
series et leurs ferrements; pensez à l'entretien ruineux

que chacune de ces maisons nécessite par année, au peu
de durée de ces constructions étriquées, aux ignobles
remaniements qu'on leur fait incessamment subir. Mul-
tipliez la dépense de chaque maison par leur nombre,
et vous serez à même de prononcer !

Quant à la rue-galerie, voyons ce qu'elle épargne.
— Dans chaque maison, des escaliers tordus et boiteux
qui mangent beaucoup de place et beaucoup de matériaux, des corridors, des couloirs, des paliers ;—ensuite,
des précautions dispendieuses de toute nature, que, depuis la basse classe jusqu'à la haute, depuis le parapluie
jusqu'à l'équipage, chacun des deux mille habitants de
la bourgade est obligé de prendre contre le froid, la
pluie, les intempéries ; puis les maladies qui coûtent,
usent la santé, arrêtent le travail ; — puis enfin le bien
être en place du mal-être. — Pesez toutes ces choses,
et vous verrez que la rue-galerie, vitrée, rafraîchie ou
chauffée, avec ses grands escaliers régulièrement dis-
posés, ses atriums et ses porches fermés du rez-de-
chaussée, où l'on descend de voiture à l'abri quand on
vient du dehors ; vous verrez, dis-je que la rue-galerie
avec tout son luxe d'espace, est une construction aussi
ÉCONOMIQUE qu'hygiénique et confortable.

Calculez en outre ce que, dans chaque ménage, l'on
perd de travail et de temps pour le service de la cuisine, de la cave, du grenier ; pour l'apport de l'eau,
que les valets ou les femmes vont péniblement puiser,
plusieurs fois par jour, à la pompe ou à la fontaine ;
pour l'entretien et le service de propreté ; pour toutes les
opérations domestiques enfin, exécutées par de simples
mécanismes dans la construction phalanstérienne !

Le service de la première distribution de l'eau dans
les ménages des grandes villes, de Paris, par exemple,
emploie à lui seul des milliers de bras et constitue toute
une industrie fatale (1). Faites le compte de l'effet utile

---

(1) Les porteurs d'eau finissent presque toujours par être atteints

obtenu par le retour à la production active de toutes ces
forces épargnées par des machines; ajoutez à ces bénéfices, qui deviennent prodigieux quand vous les appliquez sur de grandes échelles, les dispositions de garantie
contre les incendies, dont les sinistres s'élèvent chaque
année, en France, à des sommes énormes; enfin, pensez
à la supériorité de puissance et d'effet de toute opération
conduite avec ensemble, régularité, et bien dirigée, sur
les opérations morcelées, anarchiques, exécutées aujour-
d'hui dans les conditions les plus défavorables sous tous
les rapports. Et quand vous aurez examiné, considéré,
calculé toutes ces choses, alors, décidez !

Décidez :

Si l'Architectonique unitaire, qui, seule, substitue
l'ordre au désordre, l'aménagement à la déperdition,
n'est pas, — arithmétiquement, prosaïquement et éco-
nomiquement parlant, — mille fois préférable à l'Architectonique confuse, incohérente, morcelée des Barbares ou des Civilisés.

Tout ceci, je le répèterais mille fois, n'est ni du fantastique, ni de la folie; tout ceci est vulgaire, positif,
palpable, et tellement clair, que le premier portier venu
le saisira, qu'il n'y a même pas de philosophe ou
d'économiste qui ne soit capable de le comprendre.

On aurait beau se dire dépourvu de tout sens poétique,
de tout sentiment des corrélations et des rapports vrais;
on aurait beau être absolument sourd, par organisation,
à la voix de la Convenance des choses, il faudrait encore
se rendre. C'est l'arithmétique qui parle, qui conclut. Il
n'y a pas à ergoter contre elle.

Dira-t-on maintenant qu'il est *impossible* de disposer
des bois et des pierres en édifice sociétaire ? Les pierres
et les bois se refuseraient-ils à se laisser façonner en Pha-

---

de phthisie. Monter toute la journée, toute l'année, toute la vie, à la
force des bras, de la poitrine et des épaules, de l'eau dans des maisons de trois, quatre, cinq ou six étages, c'est un métier qui tue
les plus robustes.

lanstère ? — Si les bois et les pierres ne refusent pas de
se prêter à semblables constructions, ne vous montrez
donc pas plus inintelligents que ces matériaux, en jetant
brutalement, au travers des raisonnements et des calculs
qu'on vous fait, cet inepte mot *d'impossibilité*.

Donc, il demeure bien et dûment démontré :

Que L'ARCHITECTONIQUE MORCELÉE *est ruineuse et mal-
faisante, tandis que* L'ARCHITECTONIQUE SOCIÉTAIRE
*remplit toutes les conditions d'économie, de salu-
brité, d'agrément, satisfait à toutes les convenances, et ouvre à l'Art, que l'autre tue, un avenir
inespéré, inouï.*

Et ceci apprendra à ceux qui croient que *l'architecture est morte*, et à M. Hugo qui l'a écrit, que cette opi-
nion-là n'est qu'une débilité d'esprit. M. Hugo, M. Hugo!
qui a dépensé trois ou quatre chapitres de phrases ma-
gnifiques et dignes d'une belle cause, pour établir que
l'humanité a fait jadis de l'architecture dans le but *unique* et *simpliste* de faire de la poésie; et qui, partant de
là, a posé cette solennelle puérilité, que la découverte
de l'imprimerie avait tué l'architecture, parce que désormais l'humanité ferait de la poésie plus facilement en alignant des caractères de régule qu'en alignant des moel-
lons de marbre et de granit...!!! M. Hugo le poète, qui,
parce qu'il fait de la poésie avec une plume, s'est allé
fourrer en tête que l'humanité ne pouvait plus faire de la
poésie qu'avec des plumes ! M. Hugo, qui prétend parquer l'humanité dans les dimensions de sa sphère, à lui;
qui donne pour champ à l'Humanité et pour limite à l'A-
venir, l'étendue de sa spécialité; M. Hugo, enfin, qui,
voulant à toute force faire ici le philosophe au lieu de
rester ce qu'il est, un grand poète, a pris à cœur de gâter
son bel œuvre de la *Notre-Dame*, en y introduisant cette
sublime niaiserie, résumée par ces mots : *Ceci*, — le
livre, — *tuera cela*, — le monument !

En vérité, on n'a jamais donné dans des aberrations

plus bizarres et plus insensées. Il siérait que M. Hugo retranchât de son ouvrage cette malencontreuse ajoutée cousue à ses dernières éditions ; car son beau livre est destiné à vivre dans l'avenir, et des chapitres pareils ne feraient pas honneur à son intelligence. Il siérait aussi qu'il apprît et qu'il retînt que — pour grand poète que l'on soit, — on n'a pas le droit d'entrer tout botté, comme Louis XIV au Parlement, dans le domaine de la Science sociale, et que quand on veut faire de la Science sociale, il faut d'abord aller à l'école l'étudier. — En temps et lieux on pourra enseigner à M. Hugo que la Science sociale contient d'autres doctrines que celles du *Constitutionnel*, où il en est encore à l'heure présente, avec son abolition de la peine de mort, sa réforme des prisons, et sa morale de résignation à l'usage des masses humaines, qu'à l'instar de M. de Lamennais le soi-disant *Croyant*, il condamne à jamais à la misère, de son auto-rité privée, comme il condamne l'humanité à ne plus faire que de petites maisons. — En fait d'institutions d'avenir, comme en fait d'architecture d'avenir, M. Hugo a encore beaucoup à apprendre ; et s'il ne veut pas ap-prendre, au moins ne devrait-il pas consacrer son grand style à édifier ou à reconforter des erreurs, des puéri-lités, des niaiseries, qu'on se voit, dès-lors, forcé de démolir (1).

Donc, Artistes, croyez plutôt au génie de l'humanité qu'à la voix des prophètes aveuglés. L'Architecture, qu'ils vous disent morte et enterrée, a encore à grandir de bien des coudées vraiment, pour atteindre sa taille ! — l'Avenir est ouvert, l'homme est tout-puissant. Les apô-tres de l'étroit et de la faiblesse, du pauvre et du mes-

---

(1) Rendons justice à M. Hugo. Depuis l'époque où cette boutade a été écrite, il a beaucoup marché. Nous pourrions étaler aujour-d'hui tout un ruisselant écrin de nobles paroles socialistes tail-lées par son génie ; mais l'erreur très-grave qui lui est ici reprochée, n'ayant point été retirée, nous devons maintenir notre critique primitive. — (1847).

quin, ne puisent pas leurs inspirations aux sources vives, et ce n'est pas eux qu'il faut écouter....

NOTA. (3ᵉ *édition*). — *Pour se mettre en état d'enlever aux plus fanatiques dévots de la négation et de la routine tout prétexte auquel accrocher leurs objections saugrenues contre la double puissance économique et productive des dispositions unitaires du Phalanstère, il faut se rendre compte synthétiquement de cette puissance, en positif et en négatif.*

En négatif: faites la somme des innombrables économies de constructions, de réparations, de garde, d'entretien, d'avaries, de maladies, de mésintelligences, de contestations, de formalités judiciaires ou autres, de procès, de querelles, de soins, de travaux et de temps, que réalise, en toutes branches et en bloc, la substitution de l'Unité harmonienne à la ruineuse divergence du Morcellement! Synthétisez ces bénéfices négatifs, en établissant sur une vingtaine d'années seulement le calcul comparatif des deux systèmes : — vous arriverez à des économies prodigieuses...

En positif: concevez que la combinaison unitaire dote la population si faible, si misérable aujourd'hui, de chaque commune associée, de toutes les puissances conquises par le génie industriel et scientifique de l'humanité. Les neuf dixièmes des opérations agricoles, domestiques, etc., exécutées à grand-peine à bras d'homme aujourd'hui, sont désormais l'affaire des animaux et des machines : le feu, l'air, la vapeur, l'électricité, tous les procédés découverts par la science, toutes les grandes forces naturelles soumises, *produisent* à l'envi au commandement de l'homme. Sans rien préjuger des immenses découvertes réservées à l'avenir, que ne donnerait déjà l'application synthétique de tous les procédés connus, au grand atelier de travail de la commune unitarisée? Faites l'inventaire des puissances industrielles que l'humanité possède , mais à l'emploi usuel desquelles le morcellement de l'atelier élémentaire opposait jusqu'ici d'insurmontables empêchements, et *calculez l'effet de leur introduction pratique dans toutes les communes associées : —* les hardiesses les plus audacieuses de votre imagination n'auraient jamais été où vou, mènera le calcul.

Les moyens créateurs, les instruments, les forces, les inventions, les *Puissances industrielles, comme* des légions d'esclaves immobiles, attendent qu'il plaise à l'homme de leur ordonner de travailler pour lui; et l'homme, ce dieu qui a su créer ces légions d'esclaves dociles, n'a pas su utiliser socialement encore la millième partie des forces qu'ils recèlent dans leurs muscles métalliques. Que la *synthèse* des Puissances industrielles et scientifiques dont l'homme dispose déjà se fasse enfin par la création du Phalanstère, un océan de richesses remplira bientôt les plus profonds abîmes des misères séculaires!

CHAPITRE CINQUIÈME.

Dispositif des Cultures.

Lorsque cette terre, qui paraissait déserte et toute
désolée aux yeux des passans, aura commencé à être
cultivée de nouveau ;
On dira : cette terre, qui était inculte, est devenue
comme un jardin de délices.
ÉZÉCHIEL. XXXVI. 34. 35.

Après avoir visité la demeure de la Phalange, il nous
faut prendre une idée de la distribution de ses cultures
et de ses ateliers. Pour cela faire, j'emprunterai quelques passages à Fourier. — Mais, afin qu'ils soient bien
compris, il convient que je donne d'abord, par an-
ticipation, une légère idée de l'ORGANISATION DU TRAVAIL,
dans la Phalange, — objet capital que nous dévelop-
perons plus loin dans ses conditions essentielles.

Dans la Phalange, les travaux d'agriculture, de ménage, de science, d'éducation, de beaux-arts, etc., ne
sont pas exécutés par des travailleurs isolés, éloignés les
uns des autres et passant la journée, comme les nô-
tres, invariablement cloués à la même fonction. — Ils
sont exécutés en séances courtes, variées, intriguées et
joyeuses, par des escouades, des *groupes* de travailleurs,
que la double affinité des penchants industriels et des
caractères a librement formés, spontanément réunis.

Si la culture de la vigne, — ou tout autre, — comporte dans la Phalange le soin de vingt-quatre espèces,
de vingt-quatre *plans* différents, cette culture sera gérée
par vingt-quatre Groupes, d'âges et de sexes quelconques.
— L'ensemble de ces vingt-quatre escouades compo-
sera la SÉRIE *des vignicoles* du canton. Ce bataillon
industriel se range à son tour, comme partie intégrante,

dans la grande Série agricole qui, réunie aux autres Séries de classe, forme la PHALANGE INDUSTRIELLE. Donc :

Ainsi que, dans la constitution des armées modernes, la Phalange militaire ou la division se compose de brigades ; la brigade, de régiments ; le régiment, de bataillons ; le bataillon, de compagnies ; la compagnie, d'escouades ;

De même, la PHALANGE se compose des grandes Séries de *classes*, qui se divisent en Séries d'*ordres*, et se subdivisent en Séries de *genres*, d'*espèces*, de *variétés*, de *minimités*…. comme le montrerait, complet, le tableau synoptique dont nous nous contentons d'ébaucher ici la formation.

	CLASSES.	ORDRES.	GENRES.
PHALANGE en ensemble combiné des grandes SÉRIES DE CLASSES.	A. Culture..... B. Ménage. C. Fabrique. D. Commerce. E. Éducation. F. Sciences. G. Beaux-arts. H. Culte.	1. Vergers.... 2. Prairies. 3. Champs. 4. Forêts 5. Potagers. 6. Parterres. 7. Vignes.	Cerisiers. Pruniers. Poiriers. Pommiers ....

Si l'espace le permettait nous indiquerions la composition de toutes les Séries A, B, C, D,…. 1, 2, 3…. comme nous faisons pour la Série agricole de *classe* cotée A, et pour la Série de *genre* numérotée 1. Le lecteur comblera facilement les lacunes et complétera le tableau en poursuivant, par la pensée, la division de tous les termes jusqu'à leurs derniers éléments. La Série des *Cerisiers*, par exemple, se subdiviserait évidemment en autant de *groupes* que l'on cultiverait d'*espèces*, ou mieux encore de *variétés* de cerises sur les terres de la Phalange. Toutes les autres branches aboutissent également à des Séries de *groupes*, comme les subdivisions de l'armée et du régiment arrivent définitivement à des réunions ou Séries d'*escouades* formant les Compagnies, comme les bifurcations d'un grand arbre, parvenues aux rameaux et aux ramilles, s'épanouissent finalement en bouquets ou Séries de *feuilles*, organes de travail et de vie de l'être végétal.

L'industrie organisée en MÉTHODE NATURELLE, en système logique, comme le demande le pur bon sens, est loin, — on le voit, — de reproduire l'anarchie de l'industrialisme civilisé ; la mêlée nommée libre concurrence, et l'extrême incohérence de tous les travaux exécutés par nos ménages morcelés. Dans le Régime sociétaire, la convergence industrielle est parfaite, LE TRAVAIL EST ORGANISÉ. La Phalange est une armée compacte, manœuvrant librement comme les corps les mieux disciplinés. Depuis les innombrables escouades adonnées aux fonctions minimes, aux variétés les plus ténues, on remonte par les Séries d'espèces, de genre, d'ordre et de classe, jusqu'à la RÉGENCE centrale, réunion des sommités des différentes hiérarchies, qui imprime à l'ensemble des Séries et des travaux le *mouvement harmonique convergent.*

Il est donc entendu que l'industrie sociétaire opère par *réunions nombreuses, intriguées, joyeuses, en séances suffisamment courtes et variées, et que ces réunions nommées* GROUPES, *se combinent et se hiérarchisent dans les* SÉRIES *des différents degrés.*

§ I.

L'amalgame judicieux des trois Ordres d'agriculture est le moyen d'allier le bon et le beau. Ces Ordres ne sont pas même connus des agronomes civilisés, qui n'en peuvent employer que les trois caricatures.

Ch. FOURIER.

VENONS maintenant à la distribution matérielle des cultures qui doivent, ainsi qu'on le pense bien, être mises en harmonie avec le principe de classement que nous venons d'esquisser, et se prêter en tout point aux opérations des Groupes et des Séries.

Cette distribution s'exécutera suivant trois méthodes ou *Ordres agricoles*, déterminés par la nature même des choses, et dont nous allons emprunter la description à l'auteur du *Traité de l'Association;* il s'exprime ainsi sur ce sujet, tome 2, page 50 :

4° *L'ordre simple ou massif,* est celui qui exclut les entrelacements ; il règne en plein dans nos pays de grande culture, où tout est champ d'un côté, tout est bois de l'autre. On voit dans la masse des terres à blé, beaucoup de points qui pourraient convenir à d'autres cultures, et surtout aux légumineuses ; de même que dans la masse des bois on trouve beaucoup de pentes douces qui pourraient convenir à une vigne, beaucoup de plaines intérieures qui pourraient convenir à une clairière cultivée, et améliorer la forêt où il faut ménager des espaces vides pour le jeu des rayons solaires, la circulation de l'air et la maturité du bois.

2° *L'ordre ambigu ou vague et mixte,* c'est celui des jardins confus qu'on nomme anglais, et qu'on devrait nommer chinois, puisque l'Angleterre a emprunté des Chinois cette méthode, fort agréable quand elle est employée à propos, mais non pas avec la mesquinerie civilisée, qui rassemble des montagnes et des lacs dans un carré de la dimension d'une cour.

L'Harmonie étant ennemie de l'uniformité, emploiera sur divers points d'un canton et notamment dans les pays coupés, comme le pays de Vaud, cette méthode chinoise, ou vague et ambiguë, qui rassemble comme par hasard toutes sortes de cultures et de fonctions : elle formera un contraste piquant avec les massifs (méthode 4), et les lignes engrenées (méthode 3).

3° *L'ordre composé et engrené* est l'opposé du système civilisé, selon lequel chacun tend à se clorre et s'entourerait volontiers de bastions et batteries de gros calibre. Chacun en Civilisation veut se retrancher et faire une citadelle de sa propriété. On a raison en Civilisation, parce que cette société n'est qu'un amas de voleurs gros ou petits, dont les gros font perdre les petits, mais en Harmonie, où l'on ne peut pas essayer le moindre vol, et où un enfant ne volerait pas même

6

une grappe de groseilles, on emploie autant qu'il se peut, dans les distributions de culture, l'ordre matériel composé ou méthode engrenée, selon laquelle chaque série s'efforce de jeter des rameaux sur tous les points, engage des lignes avancées et des carreaux détachés dans tous les postes des Séries dont le centre d'opération se trouve éloigné du sien.

L'ordre massif est le seul qui ait quelque rapport avec les méthodes grossières des Civilisés ; ils réunissent toutes les fleurs d'un côté, tous les fruits de l'autre, ici toutes les prairies, là toutes les céréales : enfin ils forment partout des masses dépourvues de lien. Leur culture est en état d'incohérence universelle et d'excès méthodique.

D'autre part, chacun d'eux, sur son terrain, fait abus de la méthode engrenée ; car chacun voulant recueillir, sur le sol qu'il possède, les objets nécessaires à sa consommation, accumule vingt sortes de cultures sur tel terrain qui n'en devrait pas compter moitié. Un paysan cultivera pêle-mêle blé et vin, choux et raves, chanvre et pommes de terre, sur tel sol où le blé seul aurait convenu : puis le village entier mettra en blé exclusivement quelque terrain éloigné qu'on ne peut pas surveiller contre le vol, et qu'il aurait convenu de mélanger de diverses plantations. Une Phalange exploitant son canton en système combiné, commence par déterminer deux ou trois emplois convenables à chaque portion : l'on peut toujours faire avec succès des mélanges, hors le cas de vignobles très-précieux, qui encore peut compter fruits et légumes en accessoires de la culture pivotale. Ces alliages ont pour but d'amener divers groupes sur un même terrain, de leur ménager des rencontres qui les intéressent aux travaux engrenés avec les leurs, et de laisser le moins que possible un groupe isolé dans ses fonctions.

À cet effet, chaque branche de culture cherche à pousser des divisions parmi les autres : le parterre et le potager, qui chez nous sont confinés autour de l'habitation, jettent des rameaux dans tout le canton. Leur centre est bien au voisinage du Phalanstère, mais ils poussent dans la campagne de fortes lignes, des masses détachées qui diminuent par degrés, s'engagent dans les champs et prairies dont le sol peut leur convenir ; et de même les vergers, quoique moins rapprochés du Phalanstère, ont à sa proximité quelques postes de rallie-

ment, quelques lignes ou blocs d'arbustes et espaliers enga-
gés dans le potager et le parterre.

Continuant les applications des principes fixes et in-
variables d'après lesquelles se règlent toutes les harmonies sociétaires, Fourier poursuit le calcul des résultats,
entre dans les détails du milieu phalanstérien, et nous
les décrit comme un voyageur racontant les mœurs des
contrées qu'il a parcourues.

Cet engrenage agréable sous le rapport du coup-d'œil, tient
encore plus à l'utile, à l'amalgame des passions et des intrigues. On doit s'attacher surtout à ménager des *mariages de
groupes,* des rencontres de ceux d'hommes avec ceux de
femmes, par suite de l'engrenage des cultures ; l'idée de ma-
riage des groupes est plaisante et prête à l'équivoque. Mais
ce sont des rencontres industrieuses fort décentes, et aussi
utiles que nos réunions de salon et de café sont stériles ; par
exemple :

Si la Série des cerisistes est en nombreuse réunion à son
grand verger, à un quart de lieue du Phalanstère, il convient
que, dans la séance de quatre à six heures du soir, elle voie
se réunir avec elle et à son voisinage :

Une cohorte de la Phalange voisine, et des deux sexes, ve-
nue pour aider aux cerisistes ; un groupe de dames fleuristes
du canton, venant cultiver une ligne de cent toises de mauves
et dahlias, qui forment perspective pour la route voisine, et
bordure en équerre pour un champ de légumes contigu au
verger ;

Un groupe de la Série des légumistes venu pour cultiver les
légumes de ce champ ;

Un groupe de la Série des mille fleurs venu pour la culture
d'un autel de secte placé entre le champ de légume et le verger de cerisiers ;

Un groupe de jouvencelles fraisistes, arrivant à la fin de la
séance, et sortant de cultiver une clairière garnie de fraisiers
dans la forêt voisine.

A cinq heures trois quarts, des fourgons suspendus, partis
du Phalanstère, amènent le goûter pour tous ces groupes : il
est servi dans le castel des cerisistes, de cinq heures trois
uarts à six un quart ; ensuite les groupes se dispersent après

avoir formé des liens amicaux et négocié des réunions indus-
tri elles ou autres pour les jours suivants.

Plus d'un civilisé va dire qu'il ne voudrait envoyer ni sa
femme, ni sa fille à ces réunions; c'est juger des effets de l'é-
tat sociétaire par les effets de la Civilisation : les pères seront
les plus empressés de voir leurs femmes et filles dans les Séries
industrielles, parce qu'ils sauront que rien de ce qui s'y passe
ne peut rester inconnu. Or, les femmes sont bien circons-
pectes en lieu où elles sont certaines que toutes leurs actions
seront connues de père, de mère, de rivales; c'est ce qui n'a
pas lieu dans une maison civilisée où le père , s'il veut surveiller femmes et filles, est trompé par tout ce qui l'entoure.
Les mariages étant très-faciles en Harmonie, *même sans dot,*
les filles sont toujours placées de 16 à 20 ans. Jusque-là, on
peut leur laisser pleine liberté, parce qu'elles se surveillent
entre elles, ainsi qu'on le verra aux chapitres spéciaux ; or,
il n'est pas de garde plus sûre auprès d'une femme que l'œil
de ses rivales.

Il est certain que plus d'un niais trouvera à gloser
sur la facilité, l'aisance, avec lesquelles Fourier décrit les
habitudes d'Harmonie; plus d'un croira motiver grave-
ment ses facéties en disant que, quelle que soit la valeur
des principes , on ne peut pas aller aussi sûrement des
principes aux conséquences; que la pratique fait toujours
mentir la théorie; que la liberté humaine est un élément
qui ne s'arrangerait pas de données aussi précises et
pour ainsi dire mécaniques.—Mais les hommes d'intelligence comprendront, eux, que la pratique ne ment
qu'aux mauvaises théories, qu'elle redresse les théories
fausses et confirme les théories vraies; que la précision
des déductions n'est qu'une preuve de plus de la vali-
dité des principes; que Fourier, qui a réalisé dans sa
tête et préconstruit, par puissance de génie, le monde
harmonien dans lequel il vit depuis trente ans, est très-
admissible à nous en raconter les habitudes et les mœurs :
enfin, ils comprendront que c'est tout justement de la
précision mécanique et de la parfaite régularité des choses que peut seulement résulter la parfaite liberté des

individus ! Pour mettre ce dernier principe dans tout
son jour au moyen d'un seul exemple pris dans nos
mœurs de Civilisation, n'est-il pas évident que si les
heures des spectacles n'étaient pas précises et déterminées, si ces heures étaient variables et irrégulières,
l'individu n'aurait pas, pour disposer ses affaires et
son temps de manière à y assister, la facilité, la liberté qu'il trouve quand les heures sont fixes, régu-
lières, connues? D'où il résulte bien nettement, en elar-
gissant cet exemple, qu'à la plus grande précision des
mouvements, à la plus exacte ponctualité des affaires,
à la plus parfaite mécanisation des choses, correspon-
dra la plus complète liberté des personnes.

Encore une citation :

En terminant cet aperçu du matériel, insistons sur le point
principal, sur la nécessité de combiner les trois ordres.

On en fait dans l'état actuel un emploi si mal entendu, que
chacun des trois devient une caricature. Jugeons-en par l'ordre mixte ou ambigu, dont nous voyons une ombre dans les
jardins anglais, tels que Petit-Trianon, Navarre, Schwetzin-
gen, etc.

Ces jardins pittoresques sont, comme les bergers et les scènes de théâtres, des rêves de beau agricole, des gimblettes
harmoniques, des miniatures d'une campagne sociétairement
distribuée. Mais ce sont des corps sans âme, puisqu'on n'y voit
pas les travailleurs en activité. Il vaut mieux encore n'en
point trouver, que d'y apercevoir les tristes et sales paysans
de la Civilisation.

De tels jardins auraient besoin d'être animés par la présence d'une vingtaine de groupes industriels, étalant un luxe
champêtre. L'état sociétaire saura, jusque dans les fonctions
les plus malpropres, établir le luxe d'*espèce*. Les sarraux gris
d'un groupe de laboureurs, les sarraux bleutés d'un groupe
de faucheurs, seront rebaussés par des bordures, ceintures et
panaches d'uniforme ; par des chariots vernissés, des attela-
ges à parure peu coûteuse, le tout disposé de manière que les
ornements soient à l'abri des souillures du travail.

Si nous voyons, dans un beau vallon distribué en mode am-

6.

bi :u, dit anglais, tous ces groupes en activité, bien abrités
par des tentes colorées, travaillant par masses disséminées ,
circulant avec drapeaux et instruments, chantant dans leur
marche des hymnes en chœur ; puis le canton parsemé de
castels et de belvédères à colonnades et flèches, au lieu de
cabanes en chaume, nous croirions que le paysage est en-
chanté, que c'est une féerie, un séjour olympique ; et pourtant
ce local ne serait encore qu'une monotonie, parce qu'il ne
contiendrait qu'un des trois ordres agricoles, que l'ambigu
ou 2e, dit anglais. On n'y verrait pas le mode engrené, 3e,
qui est bien autrement brillant, et qui donne à l'ensemble des
végétaux d'un canton l'aspect d'une grande armée exécutant
différentes évolutions, chacune représentée par quelque Série
végétale.

Au lieu de ce charme unitaire, on ne trouve dans les cam
pagnes civilisées qu'une dégoûtante et ruineuse confusion.
Trois cents familles villageoises cultivent trois cents carreaux
de pois ou d'oignons , confusément assemblés et enchevêtrés
c'est un travestissement complet de l'ordre engrené, qui dis
tribuerait dans le canton trois compartiments d'un même vé
gétal, distingués en carreaux de genre, d'espèce, de variété
de ténuité, minimité, selon les convenances de terrain, et liés
par des divisions d'ailes, centre et transitions adaptées aux
divers sols.

Fourier continue : il met en scène les opérations de
deux Séries sur les coteaux d'une Phalange, et il fait in
tervenir très-plaisamment un philosophe comme spec
tateur des manœuvres. Sans nous engager pour le mo
ment dans les descriptions des travaux d'Harmonie ,
nous nous résumerons en ces mots sur le mode distri
butif et les trois Ordres agricoles des cultures socié
taires :

On emploiera dans les campagnes phalanstériennes les
trois Ordres agricoles, combinés suivant la nature du
sol et les convenances des expositions ; — l'alliage de
ces trois Ordres, leurs mélanges enchanteurs, leurs harmonieux contrastes, donneront à ces campagnes plantu-
reuses un aspect si pittoresque, si vivant, si riche, qu'une
vive imagination d'artiste peut à peine aujourd'hui s'en

faire une idée approximative. Et la magnificence des aspects accusera l'excellence intrinsèque des dispositions; car en toutes choses le Beau est la forme, la splendeur du Bon.

Plus loin, quand nous examinerons le roulement de la Phalange, nous traiterons de la haute importance et de l'*effet utile* et *productif* de l'introduction du luxe dans les ateliers et dans les cultures sociétaires. Les massifs et les corbeilles de fleurs, les végétaux de parure jetés dans les champs et les prairies en bouquets et en longues ceintures, feront aux travailleurs des campagnes plus belles que les jardins d'Armide. « On formera, » dit Fourier, « des Séries *d'apparat champêtre*, » cultivant les autels et bordures de fleurs et arbustes, » autour des pièces affectées à chaque espèce de végé- » taux. Ce luxe est une branche d'attraction et d'intrigue » très-précieuse. »

Il dit encore, et c'est par là que nous terminerons ce paragraphe :

Une Phalange régulière, telle qu'elles seront au bout de quarante ans, aura trois ou quatre châteaux placés sur les points fréquentés de son territoire; on y portera le déjeuner et le goûter, dans le cas où des cohortes du voisinage se seront réunies sur ce point pour quelque travail : elles perdraient du temps en revenant prendre un repas au Phalanstère, qui peut ne pas se trouver dans la direction de leur chemin de retour.

Chaque Série aura aussi son castel sur un point situé à portée de ses cultures : chaque groupe aura son belvédère ou petit pavillon d'entrepôt; mais on n'aura pas tout ce luxe dans la Phalange d'essai; quelques hangars et abris modestes suffiront. Il faudra seulement s'attacher à bien disposer le Phalanstère, et les moyens de séduction comme les communications.

Après avoir donné l'idée générale du dispositif des cultures harmoniennes, disons un mot des ateliers.

§. II.

Il est très important de prévenir l'arbitraire en construction. Il faut une méthode adaptée en tout point au jeu des Séries.

Ch. Fourier.

Je ne puis m'engager ici dans le détail de la distribution des ateliers et *Séristères* (salles de travail de Séries). On conçoit, en effet, qu'il faudrait un volume pour en donner des descriptions suffisantes, car la disposition de chacun d'eux varie avec les exigences et les convenances particulières de l'industrie à laquelle il est destiné. Cette description ne serait donc autre chose qu'un véritable projet, un travail d'ingénieur, qui ne peut trouver place ici, et que nous publierons à part, avec plans, coupes, détails et devis estimatif, lorsque le moment sera venu (1). — Bien entendu encore que les formes, les dimensions, les arrangements de ces ateliers de toutes sortes ne seront soumis à régularisation et positivement déterminés que par tâtonnements successifs, et à la suite des modifications pratiques indiquées par le roulement des premiers Phalanstères. On ne peut raisonnablement, en effet, attendre du début la perfection ni en matériel ni en passionnel. — Les premiers Phalanstères ne seront que des *essais d'Harmonie*.

Donc nous nous contenterons d'énoncer ici d'une manière générale que les ateliers et Séristères des Phalanges seront sains, vastes, commodes, bien pourvus, dis-

---

(1) Ce travail est aujourd'hui exécuté dans ses éléments les plus importants, et le moment est venu d'en commencer la publication. C'est aussi ce que nous allons faire. La librairie phalanstérienne vient de mettre en vente la première page d'un grand *Album du Phalanstère*, représentant la vue à vol d'oiseau d'une campagne harmonienne, sur le second plan de laquelle se développe un phalanstère de grande échelle. La publication progressive des principales constructions, etc., suivra bientôt. (*Note de la 2e Édition. Septembre* 1847.)

tribués suivant les exigences des industries spéciales et les convenances particulières du Régime sériaire. — Ajoutons que, pour satisfaire à la première des conditions d'attrait industriel, ils offriront des aspects de propreté, d'élégance et même de luxe, chacun suivant son caractère et sa nature. — La Civilisation a élevé déjà quelques établissements capables de donner une idée du genre de beauté, du *luxe d'espèce*, dont sont susceptibles des ateliers de travail, des fabriques, des usines aux mécanismes ingénieux et variés. Les instruments luisants comme des armes de prix, les roues et leurs engrenages scintillants, les mouvements cadencés, l'agencement de tous les organes de la vie industrielle dans un ensemble bien tenu, bien ordonné, constituent les décorations naturelles des Séristères d'Harmonie.

Pour donner au moins un exemple du mode général de distribution des Séristères, je vais rapporter ici la disposition des salles de banquet, décrite par Fourier :

Le PHALANSTÈRE ou manoir de la Phalange doit contenir, outre les appartements individuels, beaucoup de salles de relations publiques : on les nommera *Séristères* ou lieux de réunion et de développement des Séries passionnelles.

Ces salles ne ressemblent en rien à nos salles publiques, où les relations s'opèrent confusément. Une série n'admet point cette confusion : elle a toujours, de fondation, ses 3, ou 4, ou 5 divisions qui occupent vicinalement 3 localités, ou 4, ou 5 ; ce qui exige des distributions analogues aux fonctions des officiers et des sociétaires. Aussi chaque Séristère est-il, pour l'ordinaire, composé de trois salles principales ; une pour le centre, deux pour les ailes.

En outre, les trois salles du Séristère doivent avoir des cabinets adhérents pour les groupes et comités de Série : par exemple, dans le Séristère de banquet ou salle à manger, il faut d'abord six salles fort inégales ;

1 d'Aile ascendante pour la 1re classe, environ. . 150.
2 de Centre pour la 2e. . . . . 400.
2 d'Aile descendante pour la 3e. . . . . . 900.

Ces six salles fort inégales devront avoir à proximité une foule de petits cabinets pour les divers groupes qui voudront s'isoler de la table de genre. Il arrive chaque jour que certaines réunions veulent manger séparément ; elles doivent trouver des salles à portée du Séristère où l'on sert le buffet principal qui alimente les tables d'un même genre.

En toutes relations, l'on est obligé de ménager à côté du Séristère ces cabinets adhérents qui favorisent les petites réunions. En conséquence, un Séristère ou lieu d'assemblée d'une Série est distribué en système composé, en salles de relations collectives et salles de relations cabalistiques, subdivisées par menus groupes. Ce régime est fort différent de celui de nos grandes assemblées, où l'on voit, comme chez les Rois, toute la compagnie réunie pèle-mêle, selon la sainte égalité philosophique, dont l'Harmonie ne peut s'accommoder en aucun cas.

Traité de l'Association, tome 2, page 34.

Dans la description de l'édifice sociétaire, je n'ai pas insisté sur la distribution des grands ateliers, des étables, des greniers, des magasins, de tous les bâtiments industriels ou ruraux, qui doivent être placés, autant que possible, vis-à-vis du Phalanstère, au-delà de la grande Cour-d'honneur où s'exécutent les manœuvres industrielles d'arrivée, de départ, de parade, etc.

On comprend que le soin des ateliers et magasins, exigeant un travail journalier, ces bâtiments spéciaux devront avoir, avec le Phalanstère, des communications faciles et abritées, — soit souterraines, soit sur colonnes, et suspendues comme les embranchements de la rue-galerie : — de cette manière, le service journalier est tout-à-fait assuré, même pendant le mauvais temps, lorsque le travail agricole est en fériation, et que toute la population, abritée dans son édifice, se livre exclusivement à des occupations d'intérieur.

§ III.

Nous ne dirons pas : Cela est impossib..., parce que cela est trop beau ; nous dirons, au contraire : Cela est trop beau pour n'être pas possible.
                                        BASTON.

JE sais bien que la plupart des hommes d'aujourd'hui, habitués à voir nos insipides guérets, nos ennuyeuses et monotones campagnes peuplées de paysans en haillons, semées ça et là de laides et sales chaumières, nos ateliers dégoûtants et malsains, ne pourront pas s'empêcher de ne regarder, de prime-abord, que comme des rêves fantastiques les descriptions les plus affaiblies du matériel de l'industrie harmonienne. — Il faut ici, comme à propos de l'architecture phalanstérienne, les rappeler à l'esprit d'arithmétique et de calcul, les prier de réfléchir froidement et de voir si ces cultures unitairement distribuées suivant les exigences du sol et les indications de la science, ne seront pas bien autrement productives que les cultures morcelées des villages civilisés.

Cette vérité a été suffisamment démontrée, et nous sommes en droit de conclure que dans le Régime sociétaire le bon et l'utile s'allient en tous points à l'agréable, au beau. C'est là d'ailleurs un caractère que l'on doit s'attendre à trouver dans l'organisation sociale normale.

Aujourd'hui déjà il existe de grandes exploitations agricoles, dans lesquelles on peut voir en germe le système de distribution matérielle dont nous venons de donner une idée. Je citerai surtout la belle propriété que possède M. le comte Bigot de Morogues à la source du Loiret, et dont il dirige lui-même l'exploitation avec autant de science agronomique que d'art et de bon goût. Je n'ai pas vu de jardin de luxe, même dans les châteaux royaux, dont l'aspect fût aussi pittoresque et charmant aux yeux, que cette campagne riche et productive, qui peut être envisagée, sous le rapport matériel du moins, comme un échantillon obscur des campagnes harmoniennes. Le Léman, ce roi des beaux lacs, étale aussi sur ses nobles rives quelques propriétés d'un aspect quasi-phalanstérien.

Redisons d'ailleurs que touet cette question du dispositif agricole se réduit à savoir si le système des cultures hachées, morcelées, lacérées en trapèzes, en cornes, en parallélogrammes, en figures de toutes formes et de toutes grandeurs, bizarrement heurtées, assemblées par mille caprices du hasard, clôturées, coupées de haies, semées de bornes et exploitées par une race de paysans pauvres, ignorants, routiniers, chicaniers, voleurs et malheureux ; si ce système familial, absurde et prétendu moral, vaut mieux que celui de la culture unitaire et combinée ? — Il n'y a pas à hésiter sur la réponse. Dès-lors l'emploi des trois Ordres et les effets qui résultent de leur alliage, sont la conclusion logique et nécessaire des principes de l'Économie sociétaire.

Ce n'est pas la faute de ce système éminemment productif, s'il est souverainement élégant et splendide, s'il revêt tout naturellement les aspects les plus pittoresques. Il n'en faudrait pas rejeter les avantages industriels et économiques, sous prétexte qu'on arrive par l'économie à des résultats trop brillants, trop somptueux. C'est là l'objection principale de ces pauvres Civilisés : « Cela ne peut pas être, *parce que* c'est trop beau ! » Belle raison, vraiment, pour prouver la fausseté d'une découverte, que d'en accuser la magnificence ! O Civilisés damnés, esprits faussés, intelligences bistournées ! vous en êtes venus à croire que le Bon est nécessairement faux, que le Beau n'est certainement pas vrai ! Mais c'est du contre-entendement tout pur, cela, mes chers frères ! ce n'est pas être à côté de la ligne de la raison, c'est lui tourner très résolument le dos....

Le Morcellement, contraire à l'ordre naturel et au bon sens, ne produit que misère, duplicité d'action, égoïsme,

guerre et laideur : Par opposition , l'Association fait
couler de source vive, richesse, unité d'action, harmonie,
beauté, splendeur.

Les piteux effets du Morcellement anarchique et désordonné sont et doivent être , en tous points, la contre-
partie des magnificences du régime combiné. Le Mal et
le Laid font la contre-partie du Bon et du Beau. Le Laid
s'accouple avec le Mal, comme le Beau se conjugue sur
le Bon. Le Laid, il faut le répéter mille fois, c'est la forme
du Mal ; — le Beau , la forme du Bon et la splendeur
du Vrai.

Quand on dit du Système Sociétaire ; « Cela est trop
beau, donc cela est impossible ; » on fait un raisonnement
dont la fausseté provient de ce qu'on oublie que ces ma-
gnifiques résultats, *complètement contraires* à ceux de
la société dans laquelle nous sommes habitués à vivre,
sont dus à des procédés , à des moyens, à des causes
complètement contraires aussi aux procédés de la société actuelle, aux causes génératrices de tous ses
vices.

Et ce n'est pas à l'imagination, mais à la raison que
nous avons soumis les titres positifs, les preuves de valeur des procédés nouveaux.

Si, par un beau soleil de printemps, l'on montrait à un
Sauvage qui ne serait jamais sorti de ses forêts un panorama de la place Louis XV : — d'un côté l'Élysée-Bour-
bon, le Garde-Meuble, la rue de la Paix et la Madeleine ;
de l'autre, la Seine emprisonnée dans ses grands quais ,
le pont Louis XVI et ses colosses de marbre, le palais de
la Chambre, flanqué des riches hôtels du quai d'Orsay ;
puis le jardin et le palais des Tuileries, les Champs-Ély-
sées et ce majestueux Arc de Triomphe qui se dresse à
l'horizon semblable aux colonnes d'Hercule posées à
l'extrémité du monde, — certes, ce Sauvage ne voudrait
pas croire que toutes ces merveilles sont quelque part
une réalité.

Ce Sauvage serait dans son droit, parce qu'il ne peut

7

avoir aucune idée des ressources que la Civilisation possède pour exécuter de pareilles choses.

Mais le Civilisé du dix-neuvième siècle n'a pas le droit de tomber, relativement aux prodiges de l'Harmonie, dans l'erreur commise par le Sauvage relativement aux prodiges civilisés; car le Civilisé du dix-neuvième siècle peut comprendre avec grande facilité les moyens que l'Harmonie possède pour réaliser toutes ses magnificences.

D'ailleurs, nous aimons tous la richesse, l'élégance, le luxe, le grandiose; or, il serait en vérité bien étrange que Dieu nous eût donné pareils goûts à tous; et qu'il eût en même temps voulu nous condamner pour jamais aux misères, aux laideurs, aux souffrances de toute nature dont la Civilisation est si féconde. Cela serait inepte et absurde à lui, ou cruel à plaisir et vraiment satanique. Pareille croyance est une sottise grossière ou une abominable impiété. — Un père qui est riche, dit quelque part Fourier, a plus d'obligations envers ses enfants que celui qui est pauvre : il leur doit plus que celui-ci en éducation, en vêtements, soins, nourriture et plaisirs. Hé bien ! Dieu, qui est notre père et qui est plus riche et plus puissant que tous les monarques ensemble, ne doit-il pas nous réserver la jouissance de tous les biens, et ne serait-il pas digne du mépris et de la haine de sa créature, s'il lui refusait satisfaction des désirs dont il a organiquement pétri son cœur? Peut-on croire qu'il nous eût rivé au cœur ces désirs indéfectibles avec préméditation de les employer contre nous et en nous comme instruments incessants de torture? S'il en était ainsi, il serait le Maudit, lui; et tout homme qui sait ce que vaut une conception, peut comprendre qu'aucune religion n'a formulé encore une conception du *Mauvais Esprit* résumant autant de méchanceté, de cruauté et d'odieuse perfidie, qu'en renferme une pareille conception de Dieu. — Et c'est pourtant ainsi, — chose étrange et monstrueuse! — que nombre d'honnêtes gens comprennent Dieu... Et ils se croient religieux :

Pour nous, qui ne voulons pas déshonorer notre intelligence en insultant à l'intelligence divine ; nous qui voulons adorer et bénir Dieu, le Souverain Créateur du ciel et de la terre, de l'homme et de ses passions, le Dispensateur de la vie universelle, le Père de l'amour, du bonheur et de l'harmonie.

Nous ne conclurons pas en disant : CELA EST IMPOSSIBLE, PARCE QUE CELA EST TROP BEAU :

N ous conclurons religieusement, au contraire :

CELA EST TROP BEAU POUR N'ÊTRE PAS
LA VÉRITÉ ELLE-MÊME, LA
DESTINÉE SOCIALE DE
L'HOMME, LA VOLONTÉ
DE DIEU SUR
LA TERRE

FIN.

DOCTRINE

DE

L'HARMONIE UNIVERSELLE

ET DE

L'ORGANISATION DU TRAVAIL.

PUBLICATIONS

De l'École phalanstérienne

FONDÉE PAR FOURIER.

La Révolution de Février a mis, sans qu'il soit plus possible de le nier, la Société face à face avec la QUESTION SOCIALE.

Le problème du temps est posé par le redoutable Sphinx : il faut le résoudre ou périr.

Cette pression, exercée par une nécessité supérieure, impose à tous les esprits quelque peu intelligents l'étude des idées socialistes, et principalement du système de l'ASSOCIATION LIBRE ET VOLONTAIRE, et des voies et moyens de transition développés dans les écrits de l'École sociétaire.

Cette obligation morale est aujourd'hui si bien sentie qu'il serait superflu d'en indiquer les raisons.

Toutefois, les motifs d'étude qui existaient avant la Révolution de février subsistent encore. Voici comment nous en exposions quelques-uns :

Aucun homme éclairé ne peut désormais rester dans l'ignorance de la Doctrine de Fourier. Chose bizarre ! on rougirait de ne pas connaître les philosophes de l'antiquité, les doctrines du moyen-âge et des derniers siècles ; on en scrute péniblement les textes, on écrit des volumes pour en

8

éplucher les moindres mots; et ces investigateurs, curieux souvent jusqu'à la puérilité, de la pensée des aïeux, n'éprouveraient qu'indifférence pour celle du Siècle même où ils vivent! Ils pâlissent sur les textes anciens ; ils ne se sentiraient pas le moindre désir de connaître les plus grandes Doctrines contemporaines!

La Doctrine de Fourier compte aujourd'hui des partisans nombreux chez tous les peuples civilisés de l'ancien et du nouveau continent. Après 15 ou 16 années de propagation , elle a fait dix fois plus de disciples et accumulé dix fois plus de travaux que, pendant le même laps de temps, aucune doctrine antérieure.

L'influence de ses principes est déjà d'ailleurs si grande, le mouvement socialiste qui en est sorti gagne chaque jour tant de terrain, que d'ici à quelques années les *questions sociales* seront l'objet capital de l'activité intellectuelle du monde politique lui-même.

De bonne foi , est-il permis de faire encore mépris d'une Doctrine qui aborde tous les plus graves problèmes posés par l'esprit humain ; qui, sur chacun d'eux, apporte des solutions lumineuses et systématiques, c'est-à-dire découlant toutes d'un principe suprême et générateur ; qui enserre dans ses larges flancs tous les intérêts pour les harmoniser, tous les droits pour les reconnaître et les organiser, tous les sentiments de l'humanité pour les développer dans un splendide et majestueux concert ; d'une Doctrine qui compte dans ses rangs de nombreux représentants des classes les plus éclairées , savants , prêtres , magistrats , fonctionnaires, artistes, industriels, etc., etc., dans tous les pays; de la Doctrine, enfin, qui a donné le branle à ce grand mouvement d'*idées sociales* auxquelles le XIXᵉ siècle devra bientôt son véritable caractère historique ?

En présence de ce développement rapide et puissant de l'idée socialiste et phalanstérienne, des livres nombreux qui s'en occupent (1), des conversations qui la mettent partout à l'ordre du jour, est-il permis à aucun homme de

(1) Il ne se publie pas aujourd'hui un livre sérieux ou se prétendant tel, qui n'en disserte avec plus ou moins de connaissance de cause.

quelque valeur intellectuelle d'en parler sur des ouï-dire, de répéter, sur une Doctrine considérable, des jugements erronés, de lui prêter les vues les plus sottes et les plus absurdes ? — Si l'on veut parler ou écrire sur la Doctrine, il faut l'avoir étudiée à ses propres sources et non dans les comptes-rendus de la mauvaise foi et de l'ignorance.

La Doctrine est d'ailleurs aujourd'hui d'une étude facile. Tant qu'elle n'était encore formulée que dans les ouvrages de Fourier, nous reconnaissons qu'elle pouvait paraître d'un abord très-pénible et rebuter beaucoup d'intelligences; mais aujourd'hui de nombreux ouvrages élémentaires ont jeté un pont entre le domaine public et le monument grandiose élevé par le Maître sur un roc de granit. Quiconque voudra entrer dans l'édifice et en visiter les richesses infinies, le peut désormais sans peine aucune : il n'y a plus, pour y atteindre, de pente escarpée à gravir; on y arrive par une route large, désobstruée et attrayante.

Le lecteur curieux de s'engager sur cette route qui conduit aux plus somptueux domaines de l'intelligence, et qui ouvre à la pensée humaine le monde philosophique, social et religieux de l'Avenir dans toute sa splendeur, a besoin d'un guide. Pour mener l'étude avec fruit, il faut qu'il puisse s'orienter dans le champ déjà considérable des publications de l'École Sociétaire. Nous allons lui faciliter cette tâche au moyen d'un Catalogue méthodique.

NOTA. Pour se faire une idée des travaux accomplis depuis 17 ans par l'École Sociétaire, il faudrait ajouter à ce Catalogue la liste d'un assez grand nombre d'écrits épuisés qui n'y sont pas indiqués, et songer que les Publications périodiques de l'École, le *Phalanstère* (1831-33), l'ancienne *Phalange* (1836-43), la *Démocratie pacifique* (1843-48), la nouvelle *Phalange* (1845-48), et le *Bulletin phalanstérien*, contiennent vingt fois plus de matières que les ouvrages de la librairie, et abordent mille sujets que ceux-ci ne traitent point. Aussi la collection des ouvrages périodiques doit-elle être consultée par qui veut connaître à fond les travaux de l'École et les solutions apportées par la Théorie à tous les grands problèmes contemporains. Les bibliothèques des centres phalanstériens importants doivent posséder ces collections.

EXTRAIT DU CATALOGUE

DE LA

LIBRAIRIE SOCIÉTAIRE.

(1er août 1848.)

TOUS LES LIBRAIRES DES PROVINCES

Font venir de Paris les ouvrages, sur demande, et les livrent aux prix du Catalogue.

ON REÇOIT IMMÉDIATEMENT ET FRANCO

Par la poste, tout ouvrage demandé, en ajoutant 20 0/0 au prix coté au Catalogue. (S'adresser *franco* à la LIBRAIRIE SOCIÉTAIRE, rue de Beaune, 2, à Paris, et accompagner la demande d'un bon sur la poste ou à vue sur une maison de Paris.)

POUR LA VENTE EN DÉTAIL,

S'adresser à la LIBRAIRIE PHALANSTÉRIENNE, quai Voltaire, 25, en face du pont National.

OUVRAGES D'ÉTUDES PROGRESSIVES.

I. OUVRAGES PRÉPARATOIRES.

Ces ouvrages, peu volumineux chacun, doivent être consultés par les personnes qui ne veulent que *tâter* d'abord les principes généraux de l'École phalanstérienne, connaître son but et le caractère de ses moyens. Toutefois, si l'on est *décidé* à aborder l'étude de la Doctrine, on peut aller immédiatement aux ouvrages d'Exposition.

PRINCIPES DU SOCIALISME, *Manifeste de la Démocratie au XIXe siècle*, par V. Considérant, ancien élève de l'École polytechnique, Représentant du peuple. (Programme des questions sociales ; étude des intérêts généraux et des besoins de l'époque ; solutions des grands problèmes politiques et sociaux). 2e édition, grand in-18. Prix.................. 50 c.

PETIT COURS DE POLITIQUE et d'*Économie sociale*, à *l'usage des ignorants et des savants* ; par le même. (Critique familière des préjugés de toutes les opinions.) 2e édit., 3e tirage. gr. in-32.. 40 c.

DÉBACLE DE LA POLITIQUE en *France ;* par le même. (Critique id. plus développée.) gr. in-12.............. 1 f. 50 c.

MANIFESTE DE L'ÉCOLE SOCIÉTAIRE *fondée par Fourier*, ou *Bases de la Politique positive* ; par le même. (Ce ouvrage s'adresse aux esprits habitués aux formes logiques et didactiques.) 3e édit. In-18....................... 1 f.

APERÇUS SUR LES PROCÉDÉS INDUSTRIELS.— URGENCE DE L'ORGANISATION SOCIÉTAIRE , par Just. Muiron 3e édit., in-12. Paris, 1840.......................... 2 f.

PAROLE DE PROVIDENCE, *suivi de Morceaux choisis* ; par Mme Clarisse Vigoureux. (Éloquente expression religieuse des idées fondamentales de la Doctrine.) 2e éd. gr. in-18.. 1 f. 50 c.

THÉORIE DES FONCTIONS (*Coup d'œil sur la*), par A. Tamisier, Représentant du peuple, ancien élève de l'École polytechnique. (Vues générales philosophiques.) 2e éd. In-32. 50 c.

DE L'ANARCHIE INDUSTRIELLE, *Mémoire inédit de Fourier*. (Critique sociale et économique.) In-12......... 75 c.

LE PRÉSENT ET L'AVENIR, par J. B. Krantz, ingénieur des ponts-et-chaussées. Br. in-18....................... 50 c.

QUELQUES MOTS SUR L'ORGANISATION DU TRAVAIL, par Baudet-Dulary. In-8°, 1848.................... 10 c.

Transition.

ALMANACHS PHALANSTÉRIENS, 1845, 1846, 1847, 1848. (Articles nombreux et variés. Almanach beaucoup plus volumineux qu'aucun de ceux qui se vendent au même prix.) In-16. Chaque exemplaire .... 50 c.

PRINCIPES PHILOSOPHIQUES, *politiques et économiques de l'École Sociétaire*, par V. Considerant.   (*Paraîtra bientôt.*)

II. EXPOSITIONS ÉLÉMENTAIRES ABRÉGÉES.

Ouvrages excellents à consulter si l'on veut prendre une première notion générale de la Théorie. Toutefois, aucun d'eux ne donne une lumière suffisante pour déterminer une conviction approfondie.

VUE D'UN PHALANSTÈRE *accompagnée d'un texte explicatif*. (Voir plus bas à l'article OBJETS D'ART.)

L'ORGANISATION DU TRAVAIL *et l'Association* ; par Math. Briancourt, 2ᵉ édit., 4ᵉ tirage, gr. in-32............... 60 c.
—*Précis du même ouvrage*........................ 25 c.

VISITE AU PHALANSTÈRE ; par le même. (Ouvrage descriptif sous forme de Voyage dans un pays organisé d'après la Théorie harmonienne.) gr. in-32........................ 1 f. 50 c.

EXPOSITION ABRÉGÉE du *Système phalanstérien de Fourier*, suivi des *Études sur quelques Problèmes fondamentaux de la Destinée sociale* (9 *Thèses*.), par V. Considerant, 3ᵉ édit., 4ᵉ tir. gr. in-32........................ 50 c.
— *Le même ouvrage sans les neuf thèses*........... 25 c.

SOLIDARITÉ, *Vue synthétique sur la Doctrine de Fourier*, par Hip. Renaud, ancien élève de l'École Polytechnique. 3ᵉ édit. 3ᵉ tirage, gr. in-18........................ 1 f. 25 c.

Transition.

EXPOSITION DE LA THÉORIE *de Fourier*, faite à Besançon, par V. Hennequin. 3ᵉ édition, 1848. 1 vol. in-18... 1 f. 25 c.

III. EXPOSITIONS ÉLÉMENTAIRES DÉVELOPPÉES.

DESTINÉE SOCIALE, par V. Considerant. (Cet ouvrage dont on peut aborder la lecture sans préparation, initie complètement à la connaissance de l'Organisation phalanstérienne et aux bases générales de la Doctrine.) Belle édition avec vignettes. 3 vol. in-8.
— Deux éditions de cet ouvrage ont été épuisées. Le 1ᵉʳ vol. de la 3ᵉ éd. (format Charpentier), renfermant l'exposé des principes généraux de la Science sociale, la critique de la société actuelle, la loi du développement historique de l'humanité et la description de l'organisation économique du Régime sociétaire, est en vente au prix de........................ 2 fr. 50 c.
— Le 2ᵉ vol. paraîtra prochainement.
— Il reste encore quelques exemplaires du 1ᵉʳ et du 3ᵉ vol. de l'édition in-8°, aux prix de 6 fr. le 1ᵉʳ vol., et de 3 fr. le 3ᵉ.

LE FOU DU PALAIS-ROYAL, *Dialogues sur la Théorie Phalanstérienne*, par F. Cantagrel. (Complète la connaissance élémentaire après la lecture de l'une quelconque des *Expositions abrégées*.) 2ᵉ édit. fort vol. gr. in-18........................ 4 f.

IV. OUVRAGES DE FOURIER.

On n'abordera ces ouvrages avec fruit qu'après être parvenu au degré de connaissance donné par les ouvrages de la précédente catégorie.

L'HARMONIE UNIVERSELLE *et* LE PHALANSTÈRE, *exposés par Fourier.* Recueil méthodique des œuvres choisies de l'auteur. — *Cet ouvrage, qui formera un fort volume in-18, format Charpentier,* paraîtra prochainement.

THÉORIE DE L'UNITÉ UNIVERSELLE. (C'est l'ouvrage capital de Fourier.) 2ᵉ édit. 4 fort vol. in-8, contenant le *Plan du Traité de l'Attraction,* et quatre vignettes. (tomes II, III, IV et V des œuvres complètes.).................... 18 f.
— chaque volume séparément................... 4 f. 50 c.
— Le même ouvrage publié par livraisons. Prix de chaque livraison : 50 cent. pris au bureau. — *La souscription est permanente : une ou plusieurs livraisons par semaine, à la volonté des souscripteurs.*

LE NOUVEAU MONDE *industriel et sociétaire.* (Abrégé du précédent, mais néanmoins difficile à lire sans préparation.) 3ᵉ édit. fort vol. in-8. (tome VI des œuvres complètes.)......... 5 f.

THÉORIE DES QUATRE MOUVEMENTS. (Ne peut être lu avec fruit que comme complément d'études, après une connaissance avancée de la Théorie.) 3ᵉ édit. 1 fort vol. in-8. (tome I des œuvres complètes)....................... 6 f.
— Les 6 vol. précédents ensemble................... 28 f.

OUVRAGES DIVERS.

Nous avons rangé dans les catégories précédentes les ouvrages que nous considérons principalement comme *classiques,* c'est-à-dire comme les plus propres à l'étude régulière et progressive de la Doctrine phalanstérienne.

Parmi ceux qui suivent, il en est beaucoup de propres à faire fonction d'engrenage par le développement de telles ou telles vues générales ou applications spéciales de la Théorie.

I. COMPLÉMENT DES PRÉCÉDENTS.

LIVRET D'ANNONCE *du Nouveau-Monde industriel*, par Fourier. in-8...................................... 1 f.

LA FAUSSE INDUSTRIE, par Fourier. 1 vol. gr. in-12. Paris, 1835-36........-. .... 4 f. 50 c.

INTRODUCTION A L'ÉTUDE DE LA SCIENCE SOCIALE, par A. Paget. 1 vol. in-8°......... .... 3 fr.

FOURIER, SA VIE et sa Théorie, avec 3 fac-simile de son écriture, par C. Pellarin, fort vol. in-18. —Épuisé.

DE LA POLITIQUE NOUVELLE convenant aux intérêts actuels de la société, par V. Considerant. 2e éd. in-18.—Épuisé. 15 c.

THÉORIE DU DROIT DE PROPRIÉTÉ ET DU DROIT AU TRAVAIL, par le même. 3e éd. in-18................ 35 c.

NOTIONS ÉLÉMENTAIRES sur la Science sociale de Fourier ; par Henri Gorsse. 2e édit. in-18............. 1 f.

ORGANISATION DU TRAVAIL, d'après les principes de la Théorie de Ch. Fourier, par P. Forest. 2e édit....... 75 c.

II. ÉTUDES SUR LES LOIS DE LA VIE.

SCIENCE DE L'HOMME (Traité élémentaire de la), considérée sous tous ses rapports; par G. Gabet, ancien avocat. 3 vol. in-8, avec figures............................ 18 f.

NOTIONS DE PHRÉNOLOGIE (au point de vue de la science passionnelle), par Julien Le Rousseau. 1 fort vol. in-12.4 f. 50 c.

ESSAI SUR LES HARMONIES physiologiques, par B. Dulary, docteur en médecine, ancien député. 1 vol. in-8 et un cahier de 22 planches gravées........................ 8 f.

ANALOGIE DE L'HOMME (Esquisse d'une) avec l'Humanité, par F. Barrier, doct. en médecine, chirurgien en chef désigné de l'Hôtel-Dieu de Lyon. Broch. in-8................ 60 c.

III. RELIGION ET PHILOSOPHIE; INTERPRÉTATIONS HARMONIQUES DES DOGMES, ETC.

TROIS DISCOURS prononcés à l'Hôtel-de-Ville, par C. Dain, V. Considerant et d'Izalguier. Gr. in-8.............. 3 f.

LES DOGMES, LE CLERGÉ ET L'ÉTAT. In-8. (V. Hennequin, E. Pelletan, H. de la Morvonnais et A. Colin.).... 2 f. 50 c.

LES NOUVELLES TRANSACTIONS SOCIALES DE VIR-TOMNIUS, par Just Muiron. —Épuisé. Sera réédité.

DE L'UNITÉ RELIGIEUSE, ou du sentiment religieux dans ses principales manifestations, par Alphonse Gilliot. in-18 de 150 pages................................. 1 f. 50 c.

PRÉLUDE A L'UNITÉ religieuse, par L. C. de B. In-8..... 10 c.

ÉGAREMENT DE LA RAISON, *démontré par les ridicules des sciences incertaines*, ET FRAGMENTS, par Fourier. 2 f. 50 c.

DU LIBRE ARBITRE, par Fourier, article placé en tête de la 2ᵉ édition de la *Th.* de l'*Un. univ*..... *Sera édité séparément.*

LA DERNIÈRE INCARNATION. *Légendes évangéliques du XIXᵉ siècle*, par A. Constant.................... 60 c.

LES TROIS MALFAITEURS, *légende orientale*, par le même.
.... 30 c.

IV. POLITIQUE, QUESTIONS INTERNATIONALES, ETC.

POLITIQUE GÉNÉRALE (*de la*) *et du rôle de la France en Europe*, par V. Considerant. in-8. — *Épuisé. Sera réédité.*

DE LA SOUVERAINETÉ *et de la Régence*, par le même. *Ép.*

COLONISATION DE MADAGASCAR, par D. Laverdant. Gr. in-8. avec carte................................... 3 f.

CRACOVIE, *ou les derniers débris de la nationalité polonaise.* (Contient un examen rapide et philosophique de l'histoire de la Pologne.) in-8. 1848.............................. 1 f.

PERCEMENT DE L'ISTHME DE SUEZ, *création de la première route universelle du globe.* par A. Colin. In 8........ 25 c.

COLONISATION DE L'ALGÉRIE, par un officier de l'armée d'Afrique. In-8............................. 75 c.

LE LIBRE-ÉCHANGE, par le docteur Jœnger. — *Épuisé.* 30 c.

DE LA SINCÉRITÉ *du gouvernement représentatif*, ou *Exposition de l'élection véridique*, lettre adressée au Grand-Conseil de l'État de Genève, par V. Considerant. — *Épuisé.*...... 25 c.

SUR LE TIMBRE *des journaux*, par le même.......... 15 c.

V. ÉDUCATION.

MNÉMONIQUE GÉOGRAPHIQUE, opuscule de Fourier, 1 feuille in-8. — *Épuisé. Sera réédité.*

LES ENFANTS AU PHALANSTÈRE, *dialogue familier sur l'Éducation*, extrait du *Fou du Palais-Royal.* In-32...... 40 c.

L'ÉDUCATION ATTRAYANTE (*Théorie de*), *Dédiée aux Mères*, extrait de *Destinée sociale.* in-8.—*Épuisé. Sera réédité.*

VISITE A LA CRÈCHE MODÈLE, *et Rapport général adressé à M. Marbeau sur les Crèches de Paris*, par Jules Delbruck, orné de plusieurs dessins gravés sur bois......... 1 f. 25 c.
Se vend au profit des crèches d'enfants pauvres de Paris.

ÉTABLISSEMENT DES CRÈCHES (*Considérations sur l'*) *dans la ville de Lyon*, par le Dʳ. F. Barrier............... 50 c.

DES CRÈCHES *et de l'allaitement maternel*, par le D. Imbert prof. à l'Éc. de méd. de Lyon. — *Épuisé.*

ÉPITRE DE PAUL JEAN AUX DIJONNAIS. ln-8 ..... 30 c.

VI. QUESTIONS D'ÉCONOMIE SOCIALE : ÉTUDES ORGANIQUES ET CRITIQUES.

Sous ce titre nous rangeons les publications concernant des questions d'organisation industrielle, administrative, de travaux publics, etc., la critique de la Féodalité financière, de la concurrence anarchique, etc.

ANALYSE DU MÉCANISME DE L'AGIOTAGE *et de la Méthode mixte en étude de l'Attraction.* 4 feuilles gr. in-8. . 2 f.

ÉTAT INDUSTRIEL DE L'EUROPE, par Barral, ancien élève de l'École polytechnique............ (*Paraîtra prochainement.*)

APPLICATION DE L'ARMÉE (*Étude sur l'*) *aux travaux d'utilité publique,* par J.-B. Krantz, ingénieur des ponts-et-chaussées, ancien élève de l'École polyt. grand in-8.............. 2 f.

CRÉATION D'UNE ARMÉE DES TRAVAUX PUBLICS (*Projet de*), par le même. grand in-8..... .... 1 f. 50 c.

DE L'ORGANISATION DES TRAVAUX PUBLICS, *et de la Réforme des Ponts-et-chaussées,* par F. Cantagrel..... 1 f.

METTRAY ET OSTWALD, étude sur ces deux colonies agricoles. Broch. in-8, par le même. — *Epuisé.*

LE SEL. — *Impôt,* — *Réduction,* — *Régie,* — *ou la question du Sel sous toutes ses faces,* par J.-J. Jullien. in-8.......... 4 f.

DU MONOPOLE DES SELS *par la Féodalité financière* par Raymond Thomassy. In-8.................................. 1 f.

DE L'ABOLITION DE L'ESCLAVAGE, par Ch. Dain, suivi d'un article de Fourier................................. 1 f.

FÉODALITÉ OU ASSOCIATION, *type d'organisation du travail pour les grands établissements industriels :* — application à la question des houillères du bassin de la Loire, par V. Hennequin. — *Epuisé.*

DES BOULANGERIES SOCIÉTAIRES. In-32........... 40 c.

MÉNAGE SOCIÉTAIRE ou *Moyen d'augmenter son bien-être en diminuant sa dépense,* par Ch. Harel. 1 vol. in-8....... 2 f.

RÉVOLUTION SOCIALE, par M. Fontarive, in-8°. 2 f. 50 c.

QUINZE MILLIONS A GAGNER *sur les bords de la Cisse*, par F. Cantagrel. In-8............................ 25 c.

ORGANISATION UNITAIRE DES ASSURANCES, par Raou Boudon. In-8. 2e édition 1848......... .... 1 f.

RÉFORME DES OCTROIS *et des Contributions inair.*, par le même. — *Quest. vinicole.* — *Quest. des bestiaux.* In-8...... 75 c.

QUESTION DES SUCRES (*Simple exposition de la*) par D. L. Rodet. in-8.............. .... 75 c.

LA CONVERSION, *c'est l'Impôt*, par V. Considerant. *Épuisé.*

DU CRÉDIT AGRICOLE, *mobilier et immobilier*, rapports au Congrès d'agricul., par MM. Cieszkowski et J. Duval.... 50 c.

DU CRÉDIT HYPOTHÉCAIRE, par Bancel père et fils.. 35 c.

DES CAISSES D'ÉPARGNE, par F. Vidal. *Épuisé.*

DES FRUITIÈRES, ou *Associations domestiques dans le Jura*. par Wlad. Gagneur. *Épuisé.*

LES PAYSANS AU XIXe SIÈCLE. mémoire couronné par la société académique de Nantes et de la Loire-Inférieure, par Bonnemère. in-18............................ 1 f. 25 c.

LA LIBRE CONCURRENCE, *considérée comme une cause de di minution du travail et du renchérissement des denrées*, par M. Jobard (de Bruxelles). In-12............... 30 c.

INSURRECTION DES AGIOTEURS, par E. Bourdon. In-8. 05 c.

LE NOUVEAU MAITRE PIERRE OU LE RÉPUBLICAIN DE 1848, broch. in-32........................... 15 c.

LES RÉFORMES POLITIQUES ET LES RÉFORMES SOCIALES, par F. Guillon, suivies du *But social de la Caisse d'Épargne* broch. in-32... .... 10 c.

PROJETS D'ASSOCIATION LIBRE ET VOLONTAIRE *entre les chefs d'industrie et les ouvriers*, adoptés et publiés par le Comité de l'organisation du travail de Lyon.

GRÈVE DES CHARPENTIERS, par Julien Blanc. In-12.. 1 f.

LE LIVRET C'EST LE SERVAGE. In-32............. 15 c.

MALTHUS, par Léchalas, in-8....................... 20 c.

Aux Communistes de bonne foi.

APPEL AU RALLIEMENT *de tous les socialistes*, lettre de *M. Rey*, communiste, *ancien conseiller à la cour royale de Grenoble, suivie d'observations par V. Considerant, phalanstérien, Représentant du peuple.*..................... 05 c.

VII. EXPLICATIONS ET DÉFENSES.

Ces ouvrages font justice des mille faussetés dont on affuble la Théorie, des arguments vainqueurs avec lesquels ceux qui n'y comprennent rien ont coutume de la pourfendre.

EXAMEN ET DÉFENSE du *Système de Fourier, et des principales objections qui y sont faites ;* par A. Paget et E. Cartier· in-8, 1844. — *Épuisé. Sera réédité.*

IMMORALITÉ *de la doctrine de Fourier* (*Questions de l'*), par V. Considerant. in-8. — *Épuisé. Sera réédité.*

LES AMOURS AU PHALANSTÈRE, par V. Hennequin. 50 c.

MONSEIGNEUR L'ÉVÊQUE DU MANS *et le Phalanstère. Correspondance avec l'Évêché, suivie d'un chapitre intitulé* LE CURÉ. par A. Savardan, docteur en médecine. In-18.......... 1 f.

TROIS LEÇONS *du professeur Cherbuliez sur Fourier, son École et son système, reproduites et réfutées par un ministre du Saint-Évangile.* in-8 de 500 pages.................. 6 f.

FOURIÉRISME. *Contre-Critique avec exposition de principes,* par Ch. Mandet, avocat. in-8........................ 75 c.

DÉFENSE DU FOURIÉRISME, par Henri Gorsse. — *Épuisé.*

DÉFENSE DU FOURIÉRISME *contre* M. Reybaud, etc., par P. Forest.................................. 1 f.

ANTIDOTE. Rép. à une compilation, par H. Reynaud.... 25 c.

VIII. QUESTIONS D'ART. LITTÉRATURE. POÉSIE.

DESCRIPTION DU PHALANSTÈRE *et Considérations sur l'architectonique,* par V. Considerant. (Extr. de *Destinée sociale,* avec une préface.) 2ᵉ éd. augmentée et ornée de quatre vignettes, — plan et vues du phalanstère........ — Grand in-18....... 1 fr.
—Le même ouvrage, pour les personnes qui acquerront la *Vue générale d'un phalanstère* (Voir plus loin *Objets d'art)..* 75 c.

DE LA MISSION DE L'ART *et du rôle des Artistes,* par D. Laverdant. grand in-8............................. 1 f. 25 c.

L'ESPRIT DES BÊTES, *Vénerie française et Zoologie passionnelle,* par A. Toussenel. 1 beau vol. in-8............. 6 f.

RABELAIS A LA BASMETTE, par A. Constant, 1 vol. in-8. Prix..................................... 1 f.

CHANSONS *sociales, critiques et populaires,* DE LOUIS FESTEAU. 1 vol. in-32....................... 2 f. 25 c.
On trouve à la Librairie Sociétaire les deux premiers volumes du même auteur, ce qui formera la collection entière.

13

ON TROUVE A LA MÊME LIBRAIRIE :

CONJURATION DES JÉSUITES, *Publication authentique du plan secret de l'Ordre*, par l'abbé Leone. 1 vol. in-8..... 5 f.

MUSIQUE VOCALE (*Traité élémentaire de*), par M. et Mᵐᵉ Émile Chevé, très grand in-8...................... 9 f.

MÉTHODE D'HARMONIE, par les mêmes. 2 v. gr in-8. 15 f.

CONSEILS SUR LA ROYAUTÉ, à *Mgr. le Comte de Paris*, par Jules de Presle. Paris, 1846...................... 1 f.

ESQUISSE D'UNE SCIENCE MORALE, *Physiologie du sentiment*, par Alphonse Gilliot. 2 vol. in-8................ 10 f.

ORGANISATION DU TRAVAIL, par M. Ramon de la Sagra. Brochure in 8°.......................... 1 fr.

LE PROBLÈME DE L'ORGANISATION DU TRAVAIL *devant l'Acad. des sciences morales et polit.*, par le même. in-8° 20 c.

ID. *devant le congrès des économistes de Bruxelles*, par le même. Grand in-8°............................... 15 c.

ID. *devant le Congrès central d'agriculture*, par le même. in-8. 10 c.

SUR L'INEXACTITUDE DES PRINCIPES ÉCONOMIQUES *et sur l'enseignement de l'Économie politique dans les collèges*, par le même. Broch. in-8........................ 25 c.

CLÉ D'ANALOGIE EN BOTANIQUE, par le docteur Deschenaux, avec pl. Prix....................... 7 fr. 50 c.

LE LIBRE-ÉCHANGE ET LA LIBERTÉ DU TRAVAIL, par Armand Guibal, gérant d'une filature de lin. br. in-8.. 50 c.

INSURRECTION DU DAHRA (*Étude sur l'*), *contenant l'histoire de* **BOU-MAZA**, par Ch. Richard, capitaine du génie, chef du bureau arabe d'Orléansville, ancien élève de l'École polytechnique. 1 vol in-8.................... 3 f. 50 c.

SUBSTANCES ALIMENTAIRES (*Des falsifications des*) par Ch. Harel et J. Garnier. in-18................ 4 f. 50 c.

LE CLUB AU VILLAGE, par M. Gustave Châtenet. Brochure in-8°,.................................... 15 c.

DROIT RURAL (*Dialogues populaires sur le*), par P. Jacques de Valserres. gr. in-32........................ 80 c.

NOTE SUR L'IMPOT PROGRESSIF, par Ph. Breton, ingénieur des ponts-et-chaussées. In-8°.................. 25 c.

OBSERVATIONS *recueillies en Angleterre*, par M. C. G. Simon. 2 vol. in-8.......,........................... 6 f.

9

DE L'ASSOCIATION APPLIQUÉE A L'INDUSTRIE. Conseils donnés à tous par un Socialiste. 3 feuilles in-8. Prix... 75 c.

LÉGISLATION FRANÇAISE (*Introduction à l'étude de la*), par Victor Hennequin. — LES JUIFS. 2 forts vol. in-8, par le même. .... 12 f.

VOYAGE EN ANGLETERRE *et en Écosse*, par le même, suivi de mélanges. 1 vol. in-8............................ 6 f.

ÉTUDES PHILOSOPHIQUES SUR LA SCIENCE DU CALCUL, par M. F. VALLÈS, ingénieur des ponts-et-chaussées, ancien élève de l'École polytechnique. 1 vol. in-8. .... 5 f.

TRAITÉ SUR LA THÉORIE ÉLÉMENTAIRE DES LOGARITHMES, *par le même.* 1 vol. in-8............ 2 f. 50 c.

SUR LA THÉORIE DES IMAGINAIRES, lettre à M. Arago secrétaire perpétuel de l'Académie des sciences, *par le même.* broch. in-8.. 25 c.

ADRESSE A LA LÉGISLATURE *nationale*, et à tous les Pouvoirs. Broch. in-8. Prix............ .... 1 f

UNION OUVRIÈRE, par Flora Tristan ; contenant la *Marseillaise de l'atelier*, musique par A. Thys. — 3ᵉ édit...... 50 c.
pour les ouvriers.................................. 25 c.

L'ÉMANCIPATION DE LA FEMME, ou le *Testament de la Paria*, ouvrage posthume de Flora Tristan, complété d'après ses notes et publié par A. Constant............ *Épuisé.*

LES FEMMES, par Henry Brissac................. » 25 c.

DE L'OCTROI DE PARIS, *de son influence sur la falsification, la consommation, et le prix des vins*, par M. Lanquetin, négoc'ant, membre du Conseil général de la Seine. in-8. 1 f. » c.

OLKE LE RÉFUGIÉ, par Stanislas Bratowski. in-8. 2 f. » c.

RUCHE A ESPACEMENTS (*Notice sur la*) *et sa culture*, par Ch. Soria. Broch. in-8........................ 75 c.

CONSIDÉRATIONS SUR LES SALLES D'ASILE, et de leur influence sur l'avenir des classes pauvres, par Émile DEPASSE, maire de Lannion. Prix : 1 fr. 25 c., pris à la librairie.

DIVISION DU TEMPS, par Samuel Lévesque. *Épuisé.*

ÉDUCATION DE LA MÉMOIRE PITTORESQUE, par Lecoq de Boisbaudran. gr. in-8. . . . . 30 c.

☛A mesure que les ouvrages inscrits à ce Catalogue comme étant sous presse, ou comme devant être réédités, seront mis en vente, l'annonce en sera faite dans la *Démocratie pacifique.*

www.ingramcontent.com/pod-product-compliance
Lightning Source LLC
Chambersburg PA
CBHW051742090426
42738CB00010B/2378